글 킴 차카네차

영국에서 활동하는 짐바브웨 출신 저널리스트. 2014년부터 BBC 라디오 주간 프로그램 〈대화〉를 진행하며 노벨상 수상자부터 올림픽 금메달리스트까지 다양한 사람들을 만나고, BBC 팟캐스트 프로그램 〈벗〉을 통해 아프리카 현지 사람들의 이야기를 전달하고 있다. 사람들을 만나 인터뷰하고 기록물을 만들 때 가장 행복하다.

그림 마요와 알라비

나이지리아에서 활동하는 예술가. 어릴 적 기억에서 영감을 얻어 아프리카 전통문화에 판타지와 과학을 접목하여 새로운 방식으로 표현한다. 쉴 때는 좋아하는 텔레비전 쇼를 보거나 비디오 게임을 한다.

옮김 박미준

연세대학교에서 영문학과 서양사학을 공부했다. 한국외국어대학교 통번역대학원 한영과를 졸업한 후, 구글과 JP 모건 등의 기업에서 통역과 번역 프리랜서로 활동했다. 현재 한국외국어대학교에서 번역 강의와 연구를 하는 중이다. 옮긴 책으로 『미래는 핀란드에 있다』, 『번역능력 개발』, 『국가로 듣는 세계사』 등이 있다.

감수 허성용

(사)아프리카인사이트 대표. 2013년 아프리카인사이트를 설립하여 아프리카 지역 및 주제와 관련한 다양한 사업과 교육을 진행해 왔다. 아프리카 14개국을 경험하고 이를 바탕으로 EBS 〈세계테마기행〉, KBS, MBC 등에서 아프리카 지식을 소개했다. 지은 책으로 『있는 그대로 탄자니아』 등이 있다.

표지·본문 글자 패턴 작화 서명환(tag8665@naver.com)

수상한 식물들

세계 시민으로 살아가는 어린이를 위한

글 차누나차
그림 이야호 외 4인
글 박미준
글 하성호

구머구광

들어가는 글

"아프리카'라는 단어를 들으면 무엇이 가장 먼저 떠오르나요?"

2013년부터 다양한 학생과 시민 들을 만나서 〈우분투 아프리카 세계 시민 교육〉을 진행할 때마다 가장 먼저 던지는 질문입니다. 지난 10년 동안 이에 대한 답은 얼마나 달라졌을까요? 아쉽게도 청중들의 답변은 크게 달라지지 않고 여전히 몇 가지 이미지와 단어에 머물러 있는 듯합니다. 세계의 다른 나라 사람들에 비해 한국인은 아프리카를 알아 가는 노력을 덜 하는 편이라고요. 하지만 단 한 번의 수업을 통해서도 인식이 새롭게 바뀌며, 특히 어린이와 청소년 들은 그 변화의 폭이 크다는 것을 경험하면서, 만나고 배울 기회만 주어진다면 금방 달라질 거라는 희망을 품어 왔습니다.

"세계 시민으로 살아가는 어린이를 위한 아프리카 안내서"를 꼼꼼히 읽으면서 이러한 소망이 군데군데 빛날 것 같은 설렘을 느꼈습니다. 제목에는 '어린이'를 위한 안내서라고 되어 있지만, 아직 대다수 어른도 아프리카에 대한 이해와 배움에서는 시작하는 단계에 더 가깝다고 볼 때, 이 책은 성인이 읽기에도 충분한 양질의 정보를 담고 있다고 생각합니다.

이 책에서는 북, 동, 중앙, 서, 남 지역적으로 아프리카를 나누어 설명하고, 나아가 아프리카 대륙을 넘어 세계 곳곳에 퍼져 있는 아프리카까지 소개하고 있어서, 지역별로 같으면서도 다른 특색을 가진 다양한 아프리카의 모습을 만날 수 있습니다. 또 친절한 금과 아프리카의 힘이 느껴지는 생생한 그림을 통해 과거와 현재를 오가며 역사와 지리적 특성, 문화적 특징을 입체적으로 아프리카를 설명하고 있습니다.

그래서 책을 다 읽고 나면 마치 영화를 몇 편 본 것처럼 많은 장면이 기억에 남고 궁금한 것이 많아지죠. '아프리카 대륙은 어떤 곳일까?', '내가 알고 있는 아프리카와 현재의 아프리카는 얼마나 닮아 있을까?'에 대한 단어 궁금한 분에게 이 책만큼 적절한 입문서는 드물 것입니다.

그동안 낯설었지만 알고 보면 우리와 닮은 모습도 많고 생각보다 가까운 아프리카를 만나러 여행을 떠나 보면 어떨까요? 그 여행은 부담없이 나 자신과 세계를 보는 눈을 넓혀 줄 것입니다. 많은 독자 분들이 이 책을 통해서 숨겨져 있는 아프리카의 진짜 매력을 발견하고 세계 시민으로 한 걸음 나아가기를 기대해 봅니다.

(사)아프리카인사이트 대표 허성용

차례

아프리카에 오신 것을 환영합니다 5
이 책의 구성 방식 5
아프리카를 소개합니다 6
어머니 대륙 7

아프리카 8
아프리카 역사 둘러보기 10
극과 극이 공존하는 대륙 12

북아프리카 14
역동적인 왕조 시대 16
북아프리카의 사람과 문화 18
야생동물과 지형 20
세상을 바꾸는 인물 그리고 슈퍼스타 22
오늘의 아프리카 24

동아프리카 26
인류가 탄생한 곳 28
동아프리카의 사람과 문화 30
야생동물과 지형 32
세상을 바꾸는 인물 그리고 슈퍼스타 34
오늘의 아프리카 36

중앙아프리카 38
왕국의 정복과 대규모 이주 40
중앙아프리카의 사람과 문화 42
야생동물과 지형 44
세상을 바꾸는 인물 그리고 슈퍼스타 46
오늘의 아프리카 48

서아프리카 50
왕국의 탄생과 번영 그리고 몰락 52
서아프리카의 사람과 문화 54
야생동물과 지형 56
세상을 바꾸는 인물 그리고 슈퍼스타 58
오늘의 아프리카 60

남아프리카 62
제국의 탄생과 몰락 64
남아프리카의 사람과 문화 66
야생동물과 지형 68
세상을 바꾸는 인물 그리고 슈퍼스타 70
오늘의 아프리카 72

세계 곳곳의 아프리카 74
아프리카를 떠나는 사람들의 역사 76
아프리카가 세계에 준 열 가지 78
세상을 바꾸는 인물 그리고 슈퍼스타 82

아프리카 속담 84
국기 이야기 88
아프리카 국가 90
용어 설명 92
찾아보기 94

아프리카에 오신 것을 환영합니다

이 책에 실린 지도들은 아프리카가 각 지역에 대한 정보를 담고 있습니다. 우리는 아프리카연합에서 만든 지도를 길잡이 삼아 아프리카 대륙과 그 안의 흥미로운 여러 나라를 탐험합니다. 가장 널리 쓰이는 방식대로 아프리카를 북, 남, 중앙, 동, 서 등 다섯 개 지역으로 나누어서 하나씩 살펴볼 것입니다.

이 지도들은 이야기를 전달하기 위해 그린 것이라 축적이 정확히 맞지는 않습니다. 따라서 이 책 중 더 정확한 아프리카 지도를 보고 싶은 문에게는 지도책을 권해 드립니다.

그럼에도 이 지도들은 여러분 마음에서 이 개성로운 대륙을 궁해 그 놀라운 역사를 알아 가고 싶다는 바람이 붓 솟이오를 것입니다.

이 책을 읽는 방법

> ### 연도에 대해서
> 아프리카의 여러 사회에서는 글이 아닌 말로 만드 기록을 보존해 왔습니다. 하지만 역사학자들은 글로 기록된 자료를 바탕으로 연구하기 때문에, 학자들 사이에서 아프리카 역사의 연대는 합의되지 않은 경우가 많습니다.

연대표

다섯 개 지역의 역사를 보여 주는 연대표에서는, 우선 시간을 거슬러 올라가 그 지역에 제일 처음 살았던 사람들에 대해 알아봅니다. 그런 다음 현대로 돌아오면서 아프리카 역사에 어떤 변화가 있었는지 살펴봅니다.

그사이에 어떤 변화가 있었는지 살펴봅니다. 아프리카 역사의 연대에 대해 모두 역사가가 똑같이 생각하지는 않습니다. 이 책에는 그중 가장 널리 인정받는 연대를 적었습니다.

사람과 문화

아프리카는 고유의 전통과 관습을 가진 수많은 다양한 공동체와 문화를 가득한 대륙입니다. '사람과 문화'에서 소개되는 내용들은 아프리카의 수많은 공동체와 문화에서 일부분에 도지 않습니다.

야생동물과 지형

아프리카는 수많은 야생 동식물의 보금자리이며, 예부터 사막부터 무성한 열대우림까지 지형도 다양합니다. '야생동물과 지형'에서는 광대한 아프리카 대륙의 지역마다 야생동물의 다양한 모습을 발견할 수 있습니다.

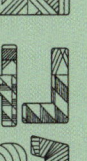

세상을 바꾸는 인물 그리고 슈퍼스타

아프리카인 다섯 개 지역에서 대채로운 역사와 문화를 만드는 데 기여한 여섯 영의 인물을 만나 보세요.

오늘의 아프리카

'오늘의 아프리카'에는 아프리카를 더 깊이 알아보는 정보를 모아 두었습니다. 음악, 스포츠, 운동 재성 가는 에너지 등 아프리카 각 지역의 독특하고 맛진 이야기를 발견해 보세요.

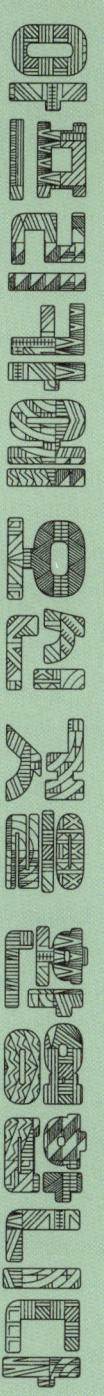

아프리카에 오신 걸 환영합니다

세상에서 두 번째로 큰 대륙 아프리카를 탐험할 준비가 되었나요. 북적이는 거대 도시와 탁 트인 사바나, 눈 덮인 고원과 이글거리는 사막이 선명히 대조되는 아프리카에는 55개 나라가 있으며(아프리카연합 집계) 각각 고유한 지형과 민족, 개성을 가지고 있습니다. 중인구는 14억 명이나 됩니다. 이처럼 방대한 대륙이니, 아프리카에서 사용되는 언어가 2000개도 넘는 것은 놀라운 일이 아니지요. 아프리카의, 암하라어, 링갈라어, 쇼나어, 월로프어, 코사어 등으로 이루어진 아프리카의 언어들은, 개수로 따지면 전 세계 언어의 30퍼센트를 차지합니다. 북아프리카의 베르베르인, 동아프리카의 마사이인, 서아프리카의 요루바인과 남아프리카의 헤레로인까지, 아프리카는 놀랍도록 다양한 공동체와 문화를 품은 대륙이기도 합니다.

코사어는 남아프리카의 열한 개 공용어 중 하나입니다. '쯧쯧' 할 때처럼 혀를 차서 소리를 내는 흡착음을 사용하는 언어로 잘 알려져 있습니다.

어머니 대륙

과학자와 고고학자들은 인류가 아프리카에서 처음 살았다는 사실을 알려 주는 수백만 년 전의 화석을 발견했습니다. 그래서 아프리카는 때때로 '어머니 대륙'이라고 불린답니다. 수백만 년 동안 이어지는 풍요하고도 인간의 역사 속에서 고대 이집트, 송가이 제국, 가나 제국 등 수많은 문명이 번성했습니다. 아프리카는 민족, 언어, 나라만큼 다양한 것이 아니라 종교하고 다채로운 지형과 야생 동식물로도 유명합니다. 비통 가신에의 풍성한 숲을 산책하다 보면 세상에서 가장 큰 영장류인 산악고릴라를 만날 수 있습니다. 세렝게티 국립공원에서는 초원을 가로지르는 아프리카코끼리 무리와 마주칠지도 모르고, 아프리카에서 가장 높은 산들의 브룬자리와 에티오피아고원을 오르다가 운이 좋으면 에티오피아늑대들을 볼 수도 있습니다. '흑인우드라고 불리는 나이지리아의 거대한 열대 산업 계곡 캐니의 기술 기업이 모여 있는, '실리콘 사바나'까지, 오늘날의 아프리카는 창의력과 독창성이 넘치는 곳입니다.

아프리카코끼리는 아프리카인의 37개 나라에 살고 있습니다. 코끼리 새끼는 태어난 지 30분 만에 일어서고, 한두 시간 후에는 걸을 수 있답니다.

산악고릴라는 가장 힘이 센 영장류입니다. 수컷 산악고릴라는 평균 180킬로그램이나 몸무게가 된답니다.

아프리카

아프리카는 광대한 자연과 야생동물 그리고 독특한 문화가 공존합니다. 눈부셨던 사하라 문명부터 오늘날까지 전통적인 생활방식을 이어가는 부족민들에 이르기까지, 아프리카에 사는 동물들과 수많은 사람들의 역사는 다채롭게 펼쳐집니다. 하지만 아프리카는 가도 가도 끝이 없는 사막과 밀림, 험한 산맥과 강, 거친 야생동물들로 대체할 수 없는 지구상의 장보물이기도 합니다.

아프리카에는 풍성한 문화와 많은 부족 그리고 다양한 언어가 있습니다. 유럽 강대국들이 1884~1885년경에 베를린에서 아프리카 회의에서 땅과 자원을 차지하기 위해 제멋대로 아프리카를 갈라놓기 전까지 원래 아프리카에는 여러 나라가 아니라 수천 개의 부족과 왕국이 있었습니다. 그런 왜 팬찮을까요? 예를 들어 사하라사막 이남에 사용하는 언어만 약 1,000개 정도 된다고 합니다. 하지만 1975년까지 유럽인들에 의해 자신들의 땅을 빼앗겨 살아왔습니다. 이후 오랜동안 독립전쟁을 펼친 끝에 자리라에 되찾을 수 있었습니다. 그러나 1991년이 되어서야 해결되기 않았습니다. 아직도 아프리카의 많은 곳에서 분쟁이 계속되고 있습니다.

에티오피아는 아프리카에서 가장 높은 곳에 있는 나라입니다.

수단은 사막에서 가장 많은 동물들을 볼 수 있는 나라입니다.

이집트는 수단과 파피루스로 유명합니다. 2007년에 이집트의 수도 카이로는 세계에서 가장 시끄러운 도시로 뽑혔습니다.

나일강은 세계에서 가장 긴 강입니다. 길이가 약 6,700킬로미터에 이릅니다.

이곳에서 365일간 매일 아이가 태어날 만큼 출산율이 높습니다.

라이베리아는 초콜릿 원료인 코코아 생산지 입니다.

탄자니아는 야생동물 보호구역으로 잘 알려져 있습니다. 동물들은 자연 속에서 자유롭게 살아가고, 관광객들은 이들을 구경하러 옵니다.

나이지리아는 아프리카에서 가장 인구가 많습니다. 3억 2,300만 명이 넘습니다.

마다가스카르에는 다른 곳에서 볼 수 없는 특이한 식물과 동물이 많이 있습니다. 이 나라에만 있는 여우원숭이(레무르)도 그중 하나입니다.

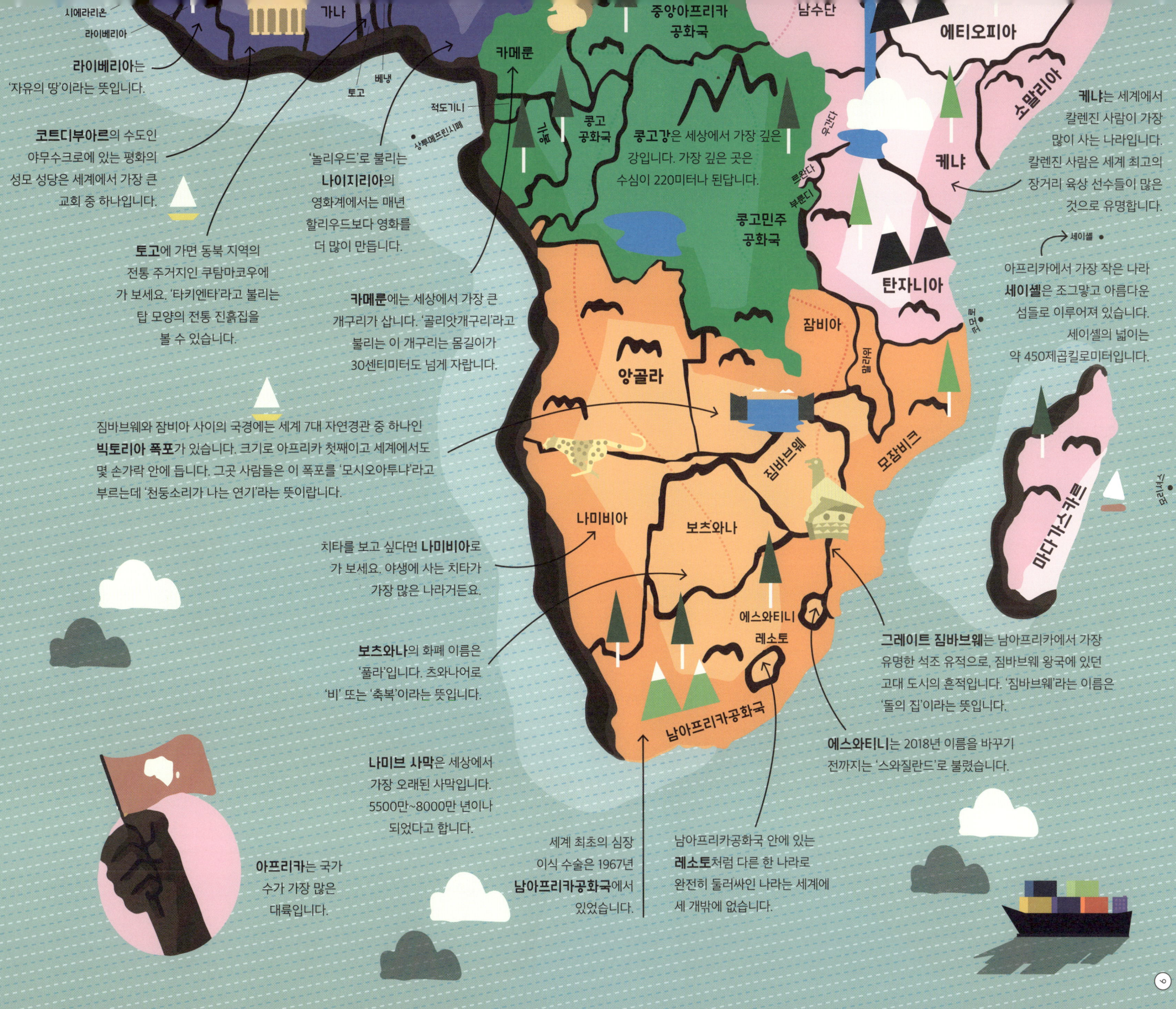

아프리카의 역사를 살펴보아요

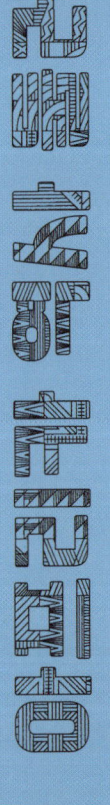

인류는 300만 년 전쯤 아프리카에서 처음 살기 시작했습니다. 따라서 우리는 모두 조금씩 아프리카인입니다. 과학자들은 동아프리카 지역에서 침팬지로부터 처음 갈라져 나온 우리의 화석을 발견했습니다. 이들은 두 발로 걷고 도구를 사용했으며, 서서히 전 세계로 퍼져 나가기 시작했습니다.

약 3000년 전
반투인의 대이동

아프리카에서 사람들의 대규모 이동이 있었습니다. 반투어를 쓰는 사람들이 원래 살던 아프리카 중서부 지역을 떠나 서서히 동쪽과 남쪽 지역으로 옮겨 갔습니다.

약 2000년 동안 계속된 반투인의 이동으로 사하라 이남 아프리카에 반투인의 문화가 넓게 퍼졌습니다. 오늘날 반투어를 쓰는 사람의 수는 3억 1000만 명으로 아프리카 인구의 30퍼센트 가까이 됩니다.

기원전 3100년~기원전 30년 즈음
고대 이집트

고대 이집트 문명은 약 5000년 전에 시작해 3000년 동안 이어졌습니다. 피라미드, 파라오, 무덤, 미라와 같은 경이로운 유적들로 유명합니다.

1440~1866년 즈음
대서양 노예 무역

15세기에 '대항해 시대'가 시작됐습니다. 이때 유럽의 뱃사람들은 무역 거래를 할 상품을 찾아 지구를 탐험하기 시작했지요. 포르투갈의 뱃사람들이 처음으로 아프리카 탐험을 시작했습니다. 유럽 사람들이 처음 찾아왔을 때, 금 영국과 스페인 등 다른 유럽 사람들도 찾아왔습니다. 이 탐험가들은 유럽에 가져다 팔 상품을 구하고 있었습니다. 구리, 상아, 천, 심지어 같은 것들 것들이었지요. 이 밖에도 이들이 찾은 또 하나의 '상품'이 있습니다. 바로 사람입니다. 노예 무역은 이렇게 시작했습니다.

1200~1600년 즈음
말리 제국과 송가이 제국

지금의 말리 지역에는 아프리카 역사상 가장 큰 두 개의 제국이 세워졌습니다. 첫 번째 제국은 13세기에 순디아타 케이타가 세운 말리 제국이고, 두 번째 제국은 15세기에 손니 알리 대왕이 세운 송가이 제국입니다. 이 두 나라는 300년 이상 이 땅을 다스렸습니다.

몇몇 학자는 오직 에티오피아와 라이베리아만이 아프리카에서 식민지가 되지 않은 나라라고 생각합니다.

1884~1914년 즈음
아프리카 쟁탈전

19세기가 끝날 무렵 노예 무역도 끝납니다. 이 시기에 유럽 나라들은 더 많은 부와 권력을 차지하려고 아프리카 곳곳을 침략해서 지배했습니다. '식민지'를 만들어 나간 것입니다. 식민 침략자들은 아프리카 사람들에게 동의를 구하지도 않고 아프리카를 자기들 멋대로 나눴습니다. 새로운 국경은 그곳 사람들의 문화와 처지를 무시하고 그어졌습니다. 그래서 오늘날까지 두고두고 매듭과 분쟁의 원인이 되고 있습니다.

노예 무역

1200만 명이 넘는 아프리카인이 북아메리카, 남아메리카, 카리브해 지역 등 대서양 건너편의 새로운 식민지로 팔려 갔습니다. 이들은 플랜테이션 농장이나, 광산 같은 곳에서 일했습니다. 유럽인 노예 상인들은 부자가 되었지만, 노예로 잡혀간 사람들은 가족들과 헤어지고 자유를 빼앗겼을 뿐 아니라 끔찍한 폭력에 시달렸습니다. 노예는 주인에게 강제로 복종해야 했고, 열악한 환경에서 급료도 못 받고 아주 긴 시간 동안 일해야 했습니다.

이렇게 노예들이 일한 덕분에 유럽인들은 돈을 많이 벌 수 있었습니다. 하지만 이 때문에 수백만 남아메리카에서도 임한 건물들은 그 후손이 있는 피해도 있었고, 그 어두운 시대의 아픔은 오늘날까지 이어지고 있습니다. 미국을 비롯한 여러 나라에 살고 있는 아프리카 사람들과 그 후손들은 그 시대 사람들과 문화와 처리가지 남긴 영향을 느끼며 지냅니다. 지금까지도 노예 제도가 남긴 영향을 느끼며 지냅니다.

500~1500년 즈음 이페 왕국

이페 왕국은 서아프리카의 강력한 왕국으로 500년에 세워져 1100~1500년에 융성했습니다. 가까운 곳과의 무역은 물론 먼 곳과의 무역에서도 중심지 역할을 하여 부를 쌓았습니다. 이페 왕국은 청동과 구리, 테라코타 등으로 만든 정교하고 사실적인 조각들로 유명합니다.

1994년 굿바이 아파르트헤이트

1994년 4월, 남아프리카공화국 최초로 모든 인종에게 투표권을 준 민주 선거가 치러졌습니다. 이 선거에서 넬슨 만델라가 이 나라 최초의 흑인 대통령으로 뽑혔습니다.

600~1200년 즈음 가나 제국

오늘날 말리의 서부, 세네갈 동부, 모리타니아의 남동부를 아우르던 가나 제국은 '와가두 제국'으로도 불립니다. 중세 시대에 서아프리카에서 가장 큰 무역 제국 중 하나였으며, 주로 금을 수출해서 돈을 벌었습니다. 이름은 '가나'지만, 오늘날의 가나공화국과는 아무 관계 없는 나라입니다.

기원전 100년~기원후 700년 즈음 악숨 왕국

악숨 왕국은 아프리카 동북부의 무역 중심지였습니다. 기원전 1세기부터 기원후 8세기까지, 이 왕국의 영토는 에티오피아 북부부터 에리트레아고원을 거쳐 수단과 소말리아의 일부까지 아우를 정도로 넓었습니다. 고대 세계의 4대 문명 중 하나로 인정받으며, '게에즈 문자'라는 독자적인 문자 체계를 비롯한 뛰어난 업적들로 유명합니다. 악숨 왕국은 4세기에 가장 먼저 기독교를 공인하여, 세계에서 가장 먼저 기독교를 받아들인 나라 중 한 곳이 되었습니다.

1000~1450년 즈음 그레이트 짐바브웨

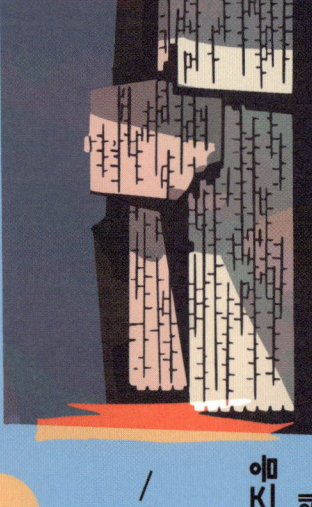

오늘날 짐바브웨 지역에는 11~15세기에 번성했던 제국 수도의 흔적이 남아 있습니다. 높은 돌탑과 돌벽으로 이루어진 이 유적의 이름은 '그레이트 짐바브웨'입니다. 이것은 남아프리카 지역에 거의 처음으로 세워진 도시입니다.

1957년 독립!

1957년 3월 6일, 가나는 사하라 사막 남쪽 나라 중에 처음으로 독립했습니다. 식민 국가들이 나라를 더 이상 그 나라를 통치하지 않게 되었다는 뜻입니다. 콰메 은크루마는 독립한 가나의 초대 대통령이 되었습니다. 가나의 독립은 아프리카 대륙 전체에도 중요한 사건이었습니다. 곧 다른 나라들도 가나의 뒤를 이어 독립하기 시작했으니까요.

1884년~1960년대 식민지 시대

식민 국가들은 각자의 방식으로 아프리카 나라들을 통치했습니다. 이들은 지금까지 남아 있는 철도나 다리 등을 건설하기도 했지만, 식민 통치는 선주민을 희생시켜 유럽인의 배를 불리기 위한 것이었지요. 식민지 사업은 아프리카를 완전히 바꿔 놓았습니다.

> 영국, 프랑스, 독일, 이탈리아, 포르투갈, 스페인, 벨기에는 모두 식민 국가였습니다.

대륙 중의 대륙 아프리카

레소토는 다른 한 나라로 완전히 둘러싸여 있습니다. 이런 나라는 세상에 단 세 개밖에 없는데, 레소토는 남아프리카공화국으로, 다른 두 나라는 이탈리아로 둘러싸여 있습니다. 그 두 나라는 산마리노공화국과 바티칸 시국입니다.

북쪽의 화려한 색깔과 강렬한 대비, 개성으로 꽉 찬 대륙입니다.
북쪽의 카이로에서 남쪽의 케이프타운까지, 자동차를 타거나 걸어서 여행하다 보면 깜짝 놀랄 만큼 다양한 사람과 문화, 풍경, 야생 동식물을 만나게 될 거예요!

지리

사하라 사막은 세상에서 가장 큰 모래 사막입니다. '사하라'는 아랍어로 사막을 뜻합니다. 북부 아프리카 대부분을 덮고 있는 이 사막은 브라질 전체보다 더 큽니다. 사하라 사막이 나뉘었다면 세상에서 다섯 번째로 큰 국가였을 것입니다. 사하라 사막은 뜨겁고 열기와 모래 연무가 남아프리카공화국 안에 있는 레소토의 초록빛 계곡과 높은 산, 푸른 강과 대조를 이룹니다. 레소토는 '하늘에서 왕국'이라고도 불리는데, 가장 낮은 곳도 해발 1400미터인 산악 국가이기 때문입니다. 세상에서 고도가 가장 높은 나라인 덕분에, 레소토의 기후는 같은 위도에 있는 다른 지역들보다 시원하답니다.

생활 양식

나미비아 북쪽의 힘바인은 여러 세대 동안 변치 않은 전통 생활 양식으로 잘 알려져 있습니다.
소와 염소를 기르는 유목 생활도 하나이며, 이들은 독특하게 몸은 긴 붉은 색 모양으로도 유명합니다. 오티제라는 혼합물을 발라 장식한 것인데, 오티제는 우유 기름과 그 지역에서 돋을 갈아 만든 가루를 섞어 만듭니다. 콩고공화국의 브라자빌이나 콩고민주공화국의 킨샤사 거리에서도 힘바인과 완전히 다른 삶의 양식을 엿볼 수 있습니다. 바로 화려한 사앙 북장을 즐겨 입는 사람들인데, 그런 남성은 사푀르, 여성은 사푀르리라 부릅니다. 조끼까지 갖춘 화려한 양복에 셔츠, 다채로운 나비넥타이, 거기에 지팡이까지 더하는 맞춤 정장의 전통 형식을 지키면서도 독특하고 화려한 멋을 더했습니다.

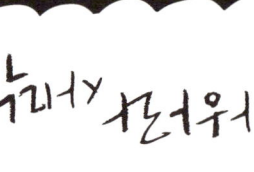

건축

아프리카 대륙 곳곳에는 각 민족의 삶과 다채로운 역사와 문화를 담아낸 독특한 건축물이 많습니다. 남아프리카공화국의 은데벨레 여성은 벽돌 건물인 집 바깥 화려하게 꾸미는 일과 벽화를 그리는 전통은 18세기에 기하학적 무늬로 유명합니다. 집 밖에 그림을 그리는 전통은 18세기에 시작했는데, 그림을 통해 그 집안이 에티오피아의 랄리벨라에 있는 암굴 교회들을 만날 수 있습니다. 그중 어떤 교회는 1000년 넘게 예티오피아의 랄리벨라 마을로 가던 암굴 교회들을 만날 수 있습니다. 그중 어떤 교회는 1000년 넘게 잠 보존된 채 그 자리를 지키고 있습니다. 12세기 즈음 국가와 왕조의 역사와 함께했습니다. 성 조지의 기오르기스 성당은 이 암굴 교회 중에서 가장 유명합니다. 거대한 화산암을 깊이 지하로 내려가 교회를 지었습니다. 건물 전체가 하나의 바위이자 위대한 고대의 건축물입니다.

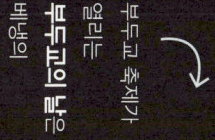

부두교 축제가 열리는 부두교의 날 배앙입니다.

동물

세계에서 가장 큰 육상 동물은 아프리카에 서식합니다. 바로 야생코끼리가 30여 마리 남고 공무게가 6000킬로그램에 이르는 아프리카코끼리입니다. 또 아프리카에는 세상에서 가장 작은 포유류도 살고 있습니다. 이 동물은 코끼리보다 천적이지만 몸길이가 30센티미터도 채 안 될 만큼 크기가 앗주먹을 불리는 이 동물을 크기에 비해 긴 주둥이를 갖고 있어서, 곤충을 잡아먹는답니다.

종교

민족과 문화만큼 다양한 대륙이면 어디든 그렇겠지만, 아프리카를 대표하는 하나의 종교과 믿음은 존재하지 않습니다. 사람들이 믿는 종교를 만드는지도 중신 지역과 관계가 많습니다. 이슬람교와 기독교가 널리 퍼져 있지만, 한지의 전통 종교를 믿는 사람들도 많습니다. 서아프리카에는 기독교를 믿으로 인정받는 부두교가 있어서 그리지 않은 문화, 철학, 언어, 예술, 춤, 음악, 의술 아우르는 삶의 방식이기도 합니다. 자기의 종교와 전통적인 믿음을 야기하고 지켜 나가는 사람들은 첫자도 많습니다. 예를 들어 짐바브웨에는 기도문을 만들 소나 사람에게 자기의 대입에서 아이들 부탁하기도 하고, 탄생, 결혼, 장애 의식을 보노나 인생의 방향 안내를 부탁하기도 하고, 탄생, 결혼, 장애 의식을 전통 방식으로 치르기도 합니다.

은데벨레인의 집

기오르기스 교회

북아프리카

아프리카 대륙의 북쪽에 있는 일곱 개의 나라, 바로 알제리, 이집트, 리비아, 모로코, 모리타니아, 서사하라, 튀니지를 하나로 묶어 북아프리카라고 부릅니다. 아프리카의 다른 지역처럼 북아프리카에도 산, 사막, 초원, 강, 계곡 등 다양한 풍경이 펼쳐져 있답니다.

튀니지는 북아프리카에서 가장 작은 나라입니다.

아틀라스산맥은 알제리, 모로코, 튀니지에 걸쳐 약 2000킬로미터 뻗어 있습니다.

알제리는 영토가 아프리카에서 가장 넓습니다. 북아프리카에서 가장 유명한 암벽화가 있는 타실리나제르 고원도 알제리에 있습니다. 이곳에는 1만 5000개가 넘는 암벽화와 암각화가 있는데, 그중에서 가장 오래된 것은 1만 2000년 전에 그려졌습니다.

모리타니아에서는 사하라의 눈(또는 '아프리카의 눈')을 만날 수 있습니다. 지름이 약 50킬로미터나 되는 둥근 지형 모양의 바위 지형입니다. '리차트 구조'라고도 불리는 이 바위는 우주에서 보면 과녁 모양으로 생겼다고 합니다.

모로코는 아프리카에 남아 있는 세 개의 왕국(왕이나 여왕이 다스리는 나라) 중 하나입니다. 다른 두 왕국은 레소토와 에스와티니입니다. 859년에 설립된 알 카라윈 대학교는 세상에서 가장 오래된 대학 중 하나입니다.

오래전부터 **서사하라** 땅에서 살아온 사하위 사람들은 독립하기 위해 모로코와 오랫동안 싸워 왔습니다. 이 다툼이 해결되지 않았기 때문에, 서사하라를 독립 국가로 인정하지 않는 나라도 있습니다.

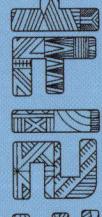

서사하라

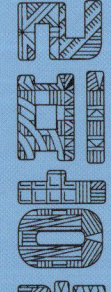

쿠스쿠스는 북아프리카 지역의 주식으로 보통 고기나 생선, 스튜, 채소와 함께 먹습니다. 쿠스쿠스는 단단한 듀럼밀을 갈아 만든 세몰리나 가루를 쪄서 만듭니다.

역사를 훑어봅시다

북아프리카는 다채롭고 인상적인 역사를 품은 역동적인 지역입니다. 또한 세계에서 가장 위대하고 강력했던 문명 중 하나인 고대 이집트 문명이 꽃핀 지역이기도 합니다. 오늘날 북아프리카에는 전통과 현대가 활발하게 어우러져 있습니다. 사막 변두리에서 염소와 낙타를 치는 유목민도 있고, 거대 도시들도 사방으로 뻗어 나갑니다. 풍경도 산과 사막, 초원, 강과 계곡까지 다양합니다.

기원전 8000년~기원전 6000년 즈음
지금과는 다른 사하라

석기 시대이던 이 시기에, 사하라 사막은 오늘날처럼 모래밖에 없는 건조한 지역이 아니었습니다. 그때는 비가 충분히 왔기 때문에 풀로 뒤덮여 있었지요. 코끼리, 코뿔소, 하마 등이 살기도 했지요. 그런데 기후가 바뀌면서 메마른 사막으로 변했습니다. 지금 세상에서 가장 건조한 지역이랍니다.

기원전 264년
로마의 침략

시간이 흐르면서 북아프리카는 카르타고의 힘과 영향력은 북아프리카를 넘어 이탈리아이 시칠리아 지방까지 미쳤습니다.
이 때문에 위협을 느낀 로마인들은 세 번의 전쟁을 일으켰습니다. 기원전 146년, 결국 카르타고 제국은 로마에 의해 멸망하고 말았습니다.

7세기
북아프리카를 정복한 이슬람

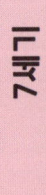

아랍의 이븐 알 아스는 메카(지금의 사우디아라비아)에서 4000명의 군대를 이끌고 640년 즈음에 북아프리카 정복을 시작했습니다. 아무르 이븐 알 아스는 메카(지금의 사우디아라비아)에서 4000명의 군대를 이끌고 이 마을과 도시를 점령하고, 그 결과 이슬람교를 북아프리카 지역에 퍼트렸으며, 그 결과 이슬람교가 아랍 세계를 넘어 세계의 주요 종교가 되었다는 점에서, 그는 역사에서 중요한 역할을 했다고 평가받습니다.

7세기에서 16세기까지는 북아프리카에서 여러 왕조가 흥망성쇠를 거듭한 변화와 혼란의 시기였습니다.
이 시기에 주요 왕조로는 우마이야 왕조, 아바스 왕조, 파티마 왕조, 살라딘이 창시한 아이유브 왕조 등이 있습니다.

1062~1147년
알모라비드 왕조

알모라비드 왕조는 새로운 이슬람 강국으로 떠올랐습니다. 알모라비드인은 아랍인이라기보다는 베르베르인이라고 보아야 맞지요. 다시 말해 북아프리카의 토착민이었던 것이지요. 1062년에 이 왕조는 모로코를 정복해서 마라케시를 수도로 삼았습니다. 이후 사하라, 알제리, 스페인 지방을 차례로 정복해서 다스렸습니다.

1805~1848년
이집트 총독

몇 세기 기간에 무함마드 알리라는 장교가 이집트의 총독을 맡게 되었습니다. 그는 이집트의 정치를 안정시키고, 경제와 영향력을 키웠습니다. 그래서 현재 이집트는 모두크는 1956년에 이집트의 아버지로 여겨지고 있습니다.

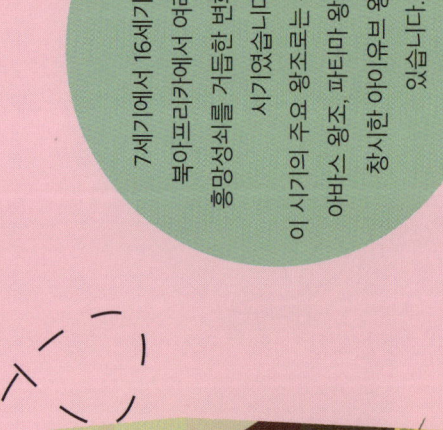

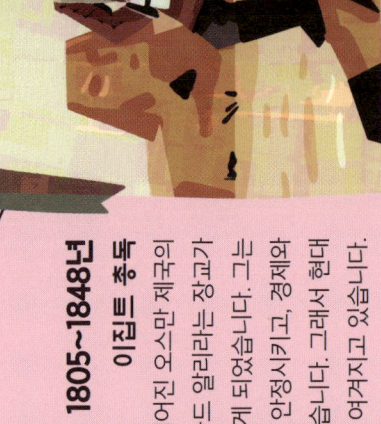

1951~1962년
독립

제2차 세계대전이 끝난 뒤 북아프리카 나라들은 독립을 선언하기 시작했습니다. 리비아는 1951년에 이탈리아에서 독립했습니다. 튀니지, 모로코, 알제리, 모리타니아는 프랑스에서 독립하기 위해 긴 전쟁을 벌였는데, 튀니지와 모로코는 1956년에, 모리타니아는 1960년에, 알제리는 몇 년 뒤인 1962년에 프랑스로부터 완전히 독립했습니다.

기원전 6000년~기원전 3000년 즈음
신석기 농업

시간이 흐르면서 한때 주된 생존 방편이었던 수렵과 채집은 점차 사라졌습니다. 농사를 짓고 소나 양 같은 동물을 기르기 시작하면서 사람들은 정착해서 삶을 꾸리게 되었습니다.

기원전 800년 즈음
카르타고 건설

오늘날 시리아와 레바논에는 해양 상인이던 페니키아인들이 이룩한 문명이 있었습니다. 이들은 북아프리카의 지중해 해안을 점령해 오늘날 튀니지가 있는 곳에 카르타고라는 도시를 세웠습니다. 시간이 흐르면서 카르타고는 서지중해의 무역 중심지로 우뚝 서 강력한 힘과 부를 쌓았고, 카르타고(오늘에나) 제국의 수도로 거듭났습니다.

기원전 3100년~기원전 30년 즈음
이집트 문명

고대 이집트 문명은 수천 년 동안 이어졌습니다. 파라오라고 불린 왕들이 다스리던 고대 이집트는 독특한 문화와 빼어난 유적으로 유명합니다. 그중에서 파라오의 무덤으로 지어진 거대한 돌 피라미드가 대표적이죠. 이집트 문명은 여러 신을 섬기고 죽음 위의 세계를 믿는 등 종교가 뿌리 깊이 내려 있던 문명입니다. 이집트인들은 중요한 인물이 죽으면 시신을 미라로 만들어 보존했습니다.

1130~1269년
알모하드 왕조

알모라비드 왕조의 뒤를 이어 들어선 알모하드 왕조는 북아프리카 해안을 모두 정복하고 북아프리카의 모든 베르베르인을 하나의 제국으로 통합했습니다. 알모하드 왕조는 마라케시를 북아프리카 지역의 중심 도시로 유지하면서 수도를 스페인의 세비야로 옮겼습니다.

16~19세기
오스만의 지배

베르베르 왕조들이 쇠퇴하면서 모로코를 제외한 전체 북아프리카 지역은 19세기까지 오스만 제국의 지배를 받게 되었습니다.

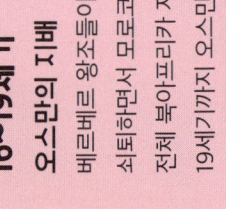

16~20세기
북아프리카의 식민지화

16세기에 유럽의 여러 나라가 자신들의 이익을 위해 아프리카 땅에 눈독을 들이기 시작한 뒤로, 20세기 초가 되자 북아프리카 전체가 유럽의 식민지가 되었습니다. 이탈리아는 리비아를 차지했고, 알제리, 모로코도 프랑스의 보호령이 되었으며, 모리타니아, 튀니지도 프랑스의 보호령을 받았습니다. 이집트는 영국의 보호령이 되었습니다.

북아프리카의 서로 다른 민족

북아프리카에는 예로부터 베르베르인과 투아레그인을 비롯한 몇 개의 민족이 살아왔습니다. 북아프리카인들은 외세의 통치를 겪었음에도 북아프리카가는 고유한 정체성과 풍요로운 문화유산을 지켜 냈습니다. 7세기에 아랍이 북아프리카를 정복한 결과로 이슬람이 전파되면서 북아프리카의 문화에 언어, 종교에 지주인 영향을 주었습니다.

베르베르인

베르베르인은 아마지그라고도 불립니다. 북아프리카 지역에서 여러 세기 동안 살아온 사람들로 이 지역 최초의 정주민입니다. 북아프리카가 아랍에 정복당하기 전에는 베르베르인이 이 지역을 지배했습니다. 오늘날 베르베르인은 모로코, 알제리, 리비아, 튀니지 등에 주로 살고 있습니다. 베르베르인은 고유한 언어와 문화로 다른 민족과 구별되며, 독특한 공예품과 의상, 건축으로 유명합니다.

아마지그는 토착 언어인 아마지그어로 '자유인'이라는 뜻입니다.

투아레그인

투아레그인은 베르베르인에서 갈라져 나온 유목민으로, 16세기부터 대체로 이슬람교를 믿고 있습니다. 이들은 타마셰크라는 고유 언어를 사용하며, 특유의 파란 옷 때문에 사하라의 푸른 자들로 불리기도 합니다. 이들은 낙타를 타고 사막을 횡단하는 카라반으로 유명합니다.

베두인인

베두인인(베두인)은 아랍어 '바두'의 복수형 '바다위'에서 유래한 말로 '사막 거주자'라는 뜻은 아라비아반도에서 북아프리카로 퍼져 나간 사람들입니다. 어떤 베두인은 사람을 치면서 이리저리 떠도는 유목민 생활을 하지만, 20세기 중반 이후 많은 베두인 사람이 도시에 정착하여 현대적인 생활 양식을 따르고 있습니다.

이집트인

이집트인은 이집트 민족을 가리키기도 하고, 이집트 국적을 가진 사람을 가리키기도 합니다. 이집트는 세계 최초의 문명 중 하나가 번성했던 곳으로, 경이로운 역사와 문화를 자랑합니다. 이집트에서 사용한 상형문자는 세계에서 가장 오래된 문자에 듭니다.

콥트인

콥트인은 '콥트 정교회'를 믿는 이집트의 사람들입니다. 이들은 대부분 이집트에 살지만 수단에도 조금 살고 있습니다. 지난날에는 콥트 정교회를 두고 있으며, 다른 기독교의 초기 다른 독자적인 교회력을 따르고 기념하고 있습니다. 콥트 정교회는 예수 그리스도의 신성과 기독교의 중심을 지킵니다. 달란 451년에 갈라져 나온 기독교 신앙에서 살아남은 견해가 달란 451년에 갈라져 나온 기독교 신앙의 덕입니다. 콥트 정교회는 로마 제국 시대에 박해를 받았고, 이집트가 이슬람 국가가 된 뒤로도 종종 박해를 당했습니다. 이 밖에도 오늘날에도 계속되고 있습니다.

마그레브, 나일강 유역, 사헬

북아프리카 사람들은 마그레브, 나일강 유역, 사헬 등 살고 있는 지역에 따라 나눠 수도 있습니다.

사헬은 사하라 사막과 수단 사바나 사이의 반건조 기후 지역으로 기다란 띠 모양을 하고 있습니다. '사헬'은 아랍어로 '가장자리'라는 뜻입니다. 사헬 지역에 사는 사람들은 대체로 목축을 하는 반유목민입니다.

마그레브는 알제리, 리비아, 모로코 튀니지가 속하는 지역입니다. 이 지역에 많이 살던 베르베르인은 아랍어를 쓰고 그러면서 그곳에 살던 베르베르인의 이름을 딴 것 같았는데, 마그레브 사람들의 60퍼센트가 베르베르의 오늘날에는 어느 한 역사 정복 전쟁이 일어나 그곳에는 아랍, 프랑스, 세파르드, 사이프러스인 들도 함께 살고 있습니다.

미즈라히와 세파르드

북아프리카인을 사회하는 1960년대에 대부분 이민이 있기 전만 해도 전 세계에서 가장 규모가 큰 편이었습니다. '미즈라히'는 북아프리카 출신이거나 그곳에서 살아온 유대인을 가리키는 말로, 그 뿌리는 이슬람이 전파되기 전까지 거슬러 올라갑니다. '세파르드'는 르네상스 시대에 포르투갈과 스페인에서 건너온 유대인 나민과 그 후손을 말합니다.

아프리카 살펴보기

북아프리카의 풍경은 그야말로 눈부십니다. 그리고 그 자연 속에서 정말 다양한 생명이 살고 있습니다. 지리적으로 크게 네 지역으로 나뉘는데, 지역마다 크고 작은 놀라운 동물들이 살고 있답니다.

아프리카에서 가장 큰 악어는 나일악어가 서식합니다. 나일악어는 길고 강력한 턱, 민첩한 반응력과 빠른 속도로 명성을 떨치는 무서운 포식자입니다. 수컷 나일악어는 6미터까지 자란답니다.

나일강 유역

이집트를 가로질러 흐르는 나일강은 상류주와 계곡을 만들었습니다. 나일강은 남쪽에서 북쪽으로 동아프리카를 가로질러 가장 긴 강입니다. 나일강은 고대 이집트의 발전에 중요한 역할을 했습니다. 나일강 주변의 기름진 땅은 밀, 보리, 파피루스 같은 작물을 기르기에 알맞았습니다. 파피루스는 고대 이집트에서 기름이나 옷, 밧줄 등을 만드는 데 쓰였습니다. 이집트는 사람이 대부분은 나일강 상류주에서 지배해 왔습니다. 오늘날에도 나일강은 이집트인뿐 아니라 우간다를 비롯한 나일강 유역의 여러 나라 사람에게 중요한 교역 항로이자 편리한 교통수단입니다.

나사뿔영양

무리 지어 사는 영양 일종입니다. 물을 거의 마시지 않기 때문에 사막에서 사는 데 맞습니다. 나사뿔영양은 어깨높이가 1미터쯤 되며 주로 밤에 활동합니다.

단봉낙타

사하라에 사는 또 다른 동물인 단봉낙타는 진짜은 등과 하얀 배가 두꺼운 속껌 등이 매력적입니다. 우리를 짓거나 혼자 살며, 주로 풀과 나뭇잎을 먹습니다.

사하라 중부

사하라 중부는 믿을 수 없을 만큼 건조한 지역이어서 얼마 안 되는 식물도 자라지 못합니다. 암석으로 이루어진 고원과 넓디넓은 모래사막 같은 지형이 특징입니다. 사하라 지형은 바람과 비가 만들어 내는데, 모래 언덕, 마른 계곡(와디), 마른 호수 (우에드), 소금 평원, 자갈사막 (레그) 등 다양합니다. 사하라 사막은 북아프리카와 사하라 이남 아프리카를 나누는 경계입니다.

지중해 해안

지중해 해안은 지중해와 육지가 만나는 해안 지역의 건조한 땅입니다. 이웃은 한때 수많은 포유동물이 보금자리였지만, 사하라 지역의 건조해지면서 그 수가 크게 줄었습니다.

지중해 지역의 야생동물은 이제 대부분 산림에서 발견됩니다. 아틀라스사슴이라고도 불리며 북아프리카사슴으로 불렸던, 튀니지에서 발견되는 붉은사슴의 한 종류입니다. 사슴 중에서 유일하게 아프리카 고유종입니다. 아주 온순한 털에 수그리고 한 한 부잣집이 있는 이 사슴은 나무가 빽빽하고 습기가 많은 산림에서 가장 행복하답니다.

지중해 지역의 야생동물은 이제 대부분 산림에서 발견됩니다. **바르바리붉은사슴**은 아틀라스사슴이라고도 불리며

줄무늬하이에나도 야행성 청소동물입니다. 갈퀴를 이용해 날카로운 얼굴과 조금 마른 개같이 생겼습니다. 정착하지 않는 사바나, 산림, 초원에서 떼를 지어 살아갑니다. 주로 혼자서 사냥하지만 무리 지어 사냥하기도 하고, 아침이 지역에서 흔히 볼 수 있습니다. 사냥으로 인해 숨쉬기도 벌종 위기에 있습니다.

아틀라스산맥

아틀라스산맥은 아프리카 북서부에서 동서로 뻗어 있습니다. 지중해 해안과 평행한 방향으로 놓여 있으며, 아틀라스산맥은 사하라를 나눠 줍니다. 아틀라스산맥은 아프리카에서만 찾아볼 수 있는 여러 동식물의 보금자리입니다. 그중에는 야생말도 있습니다. 예를 들어 알제리와 신기한 아틀라스산맥에서 보금자리를 마크로크이 야생동물은 수로 바르바리마카크인이 일종가 있는데, 수많은 새끼 기르는 일의 대부분을 담당하는 것으로 알려져 있습니다.

책장을 바꾸는 펜, 글로 쓰는 혁명

모하메드 살라 (1992~)

모하메드 살라는 이집트 축구 선수입니다. 영국 프리미어 리그의 리버풀 FC에서 공격수로 뛰고 있으며 이집트 국가 대표팀 주장이기도 합니다. 모기는 별명을 가진 그는 빼어난 축구 실력뿐 아니라 겸손한 자세와 친절한 태도로 사랑받고 있습니다. 카이로를 여행하다 보면 모의 얼굴이 없는 곳이 없습니다. 침판보에서 광고판에 이르기까지 모든 곳에서 이집트 영웅을 기리고 있습니다. 그는 전 세계 최고의 축구 선수 중 한 명입니다.

나왈 엘 사다위 (1931~2021)

나왈 엘 사다위는 이사 출신의 사회 운동가이자 작가이며, 여성의 권리를 위해 지치지 않고 두려움 없이 나아간 인물입니다. 30권이 넘는 책을 쓴 그녀는 사회와 종교의 억압에 맞선 여성의 권리를 지키고 변화를 이끌어 내는 일에 평생을 바쳤습니다.

나지브 마흐푸즈 (1911~2006)

이집트 작가인 나지브 마흐푸즈는 20세기의 가장 위대한 아랍 소설가로 손꼽힙니다. 30권이 넘는 책을 쓴 그는 1988년에 아랍인 최초로 노벨 문학상을 받았습니다. 그의 소설들은 카이로에 사는 평범한 이집트 사람들의 삶을 다루고 있습니다. 그 가운데 여러 작품이 텔레비전 드라마나 영화로 만들어졌습니다.

아흐메드 조웨일 (1946~2016)

1999년, 이흐메드 조웨일은 노벨 화학상을 수상함으로써 과학 분야에서 노벨상을 탄 최초의 이랍인이 되었습니다. 그가 노벨상을 탄 것은 화학 반응을 매우 자세히 연구할 수 있는 새롭고 놀라운 기술을 개발했기 때문입니다. 그는 이집트와 서남아시아 지역에서 과학 교육과 연구를 위해 노력한 것으로도 명성을 얻었습니다.

히샴 마타르 (1970~)

히샴 마타르는 리비아 출신 영국 소설가입니다. 2017년, 그는 자기의 회고담인 『귀환』이라는 작품으로 전기와 자서전 부문에서 퓰리처상을 수상했습니다. 유명한 정치가이던 그의 아버지는 독재 정권과 싸우다 실종되었습니다. 히샴은 이 책에서 2012년에 아버지 실종 사건의 진실을 밝히려 리비아로 돌아갔던 자신의 이야기를 들려줍니다.

하산 하지조 (1961~)

하산 하지조는 모로코의 예술가입니다. 강렬한 색채가 특징인 그의 작품은 팝아트와 힙합, 패션, 북아프리카 문화에서 많은 영향을 받았습니다. 하산은 자신의 사진과 필름, 무늬가 인쇄된 천 등을 사용해 장난스럽고 활기찬 이미지를 표현합니다.

북아프리카

새로운 음악의 맛

북아프리카의 음악계가 활기차게 발전하고 있습니다. 나라마다 다양한 맛과 멋이 음악으로 뿜어져 나옵니다. 알제리는 전통 민요에 뿌리를 둔 대중음악인 '라이'의 고향으로 라이는 1920년대에 프랑스, 스페인, 재즈를 비롯한 다양한 음악에 영향을 받아 생겨났으며, 저항 정신을 담고 있습니다.

그 나와는 12현 기타 연주가인 모로코의 음악으로, 현이 세 개인 구엠브리라는 악기로 연주합니다. 사하라 이남에서 노예로 끌려온 아프리카 흑인들의 음악인 그 나와에는 조상 대대로 내려온 전통과 민속음악이 숨 쉬고 있습니다. 오랫동안 여성에게는 그 나와 연주가 허락되지 않았습니다. 하지만 아스마 함자위를 비롯한 젊은 여성 음악가들이 등장하면서 상황이 변하고 있습니다. 아스마는 모로코 최초의 여성 구엠브리 연주가입니다.

모리타니아에서는 랩이 저항 음악으로 떠오르고 있습니다. 래퍼들이 인종 차별, 가난, 불평등과 같이 자신의 삶에 영향을 주는 정치적 주제를 다루고 있기 때문입니다. 모로코에서도 새로운 세대의 가수와 음악가들이 이끄는 문화 운동인 '누이다'가 진행 중입니다. 이들은 자기들의 전통에서 힌트를 얻어 모로코 지방의 아랍 방언인 다리자어로 자유와 저항을 노래합니다.

축제에 가고 싶다면

록 음악, 부드러운 재즈, 펑키 팝까지 모로코는 수많은 장르의 음악 축제가 열리는 곳입니다. 마위진(세계의 리듬 이라는 뜻) 페스티벌은 세계에서 두 번째로 큰 음악 축제입니다. 해마다 약 250만 명이 세계 곳곳에서 온 가수들의 공연을 보기 위해 축제가 열리는 도시 라바트로 몰려듭니다. 이 밖에도 모로코에는 카사블랑카에서 열리는 재즈어블랑카 페스티벌, 티미타르 페스티벌, 페스 페스티벌 등 커다란 음악 축제가 많습니다. 그 나와 축제가 열립니다. 알리 북부 투아레그인 밴드인 티나리웬 같이 유명인인 모 우에게 온 축제들에 참여하고 있습니다.

아랍의 봄

2010년 말, 튀니지에서 시작된 시위는 이집트와 리비아를 비롯해 북아프리카와 서아시아의 여러 나라로 퍼져 나갔습니다.

'아랍인 10명 중 6명은 서른 살이 안 된 젊은이'라는 말을 들어 보셨나요? 그동안 아랍 청년들은 학업과 취업 등 많은 고통에 시달려 왔고, 특히 튀니지의 젊은이들은 자유롭지 못한 생활에도 불만이 많아졌습니다. 그들은 국가의 부패와 경찰의 잔혹한 폭력에 저항했습니다. 뒤이어 묶여진 시위로 결국 튀니지의 독재자인 지네 엘아비디네 벤 알리 대통령이 물러났습니다. 이러한 민주화를 통해 다른 민주주의가 열린 사회가 되리라는 희망이 생겨났습니다.

녹색 알제리

알제리는 녹색 에너지 분야에서 앞장서 나가고 있습니다. 27퍼센트 이상을 차지하는 녹색 에너지를 2030년까지 전체 전기의 27퍼센트 이상을 재생 에너지로 생산할 계획입니다. 태양열 발전소를 여러 군데 짓고 있는데, 햇살이 강하게 내리쬐는 지역인 덕분에 태양광 발전으로는 아프리카에서 가장 유망한 지역 가운데 한 곳입니다. 첫 풍력 발전은 2014년에 지어졌고, 앞으로도 풍력 발전 건설을 대폭 키워 나갈 것입니다.

새로운 수도

이집트는 곧 새 도시로 수도를 옮긴다고 합니다. 이 도시는 현재의 수도인 카이로의 동쪽 사막에 행정 전용 예정인데, 아직 공식 이름이 지어지지 않아서 그저 '새로운 행정 수도'라고 불리고 있습니다. 이 새 수도는 카이로의 가장 높은 건물들이 들어서고 있는데, 그 가운데 하나는 아프리카에서 가장 높은 건물이 될 거라고 합니다. 이 새 수도는 카이로의 교통 체증과 주택 부족을 해소하는 데 도움이 될 것입니다.

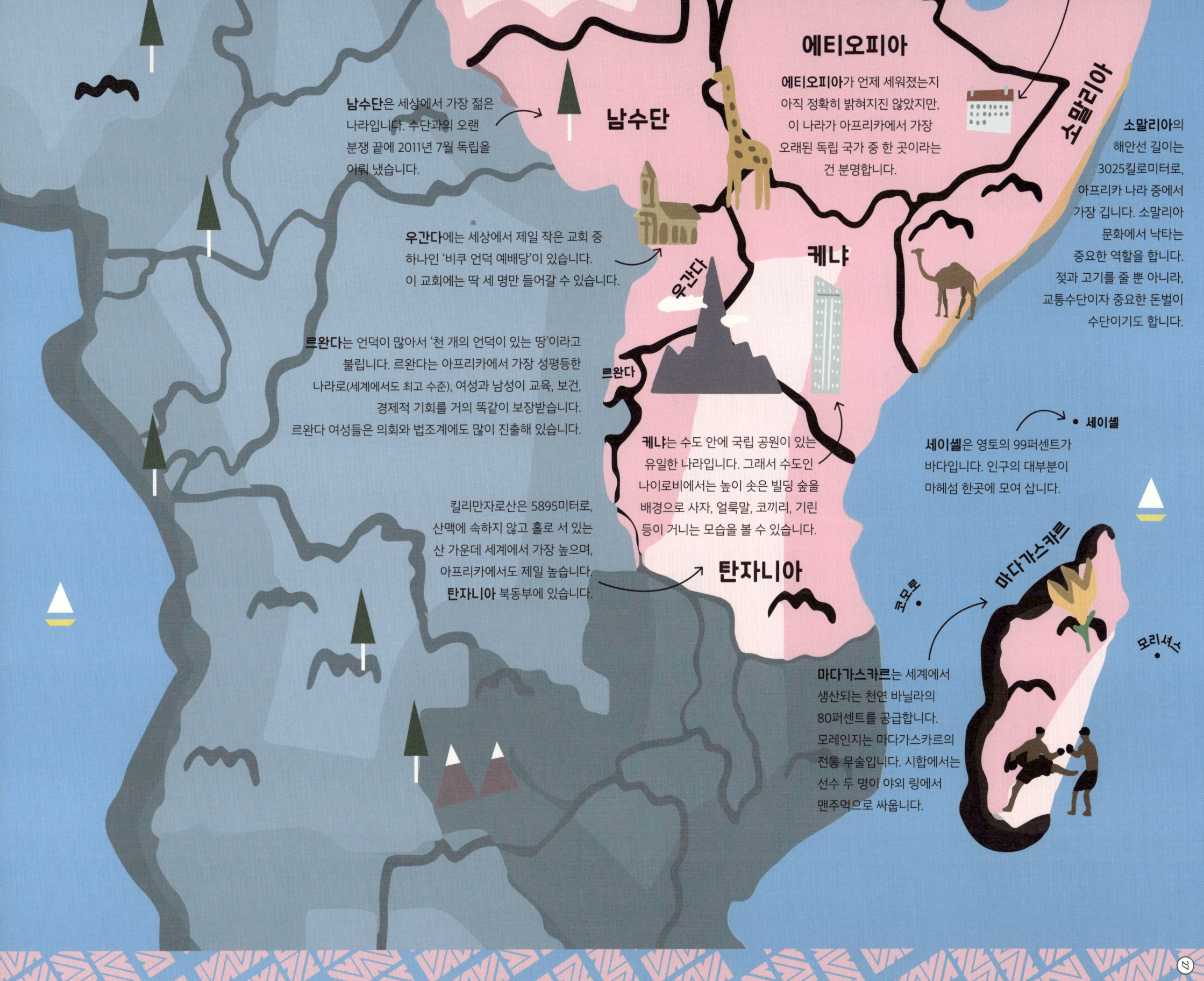

아프리카 왕국들

약 30만 년 전, 현생 인류인 호모 사피엔스가 처음 나타난 곳은 동아프리카 지구대(32곡 참고)로 알려져 있습니다. 오랜 세월 동안 동아프리카에서는 여러 거대한 제국과 왕국이 번성했는데, 가장 큰 제국 중의 하나로 북아프리카와 동아프리카의 악숨 왕국을 들 수 있습니다. 그리고 해안을 따라 여러 무역항이 세워지면서 동아프리카가 지역의 무역 중심지로 성장했습니다. 이 지역의 활기찬 역사와 흥미로운 일화는 오늘날 이곳 사람들의 전통과 문화, 유물에서 엿볼 수 있습니다.

기원전 1070년~기원후 350년 즈음
쿠시 왕국

쿠시 왕국은 오늘날 이집트의 남쪽인 수단 땅에 있던 고대 왕국입니다. 이 지역은 '활이 많은 땅'이라는 뜻을 가진 '타세티'라고 불렸는데, 이 땅에 살던 누비아인의 활 솜씨가 뛰어났기 때문입니다. 금, 상아, 철 등 광물을 풍부하게 보유한 쿠시 왕국은 부유하고 강했습니다. 쿠시 왕국은 수백 년간 이어졌으며, 기원전 8세기에는 이집트를 정복해 100년 가까이 다스리기도 했습니다. 그 결과 수단과 이집트는 문화, 경제, 종교 면에서 서로 닮아 있었습니다.

1137~1974년
아비시니아 제국

아비시니아 제국(또는 에티오피아 제국)은 아프리카 역사상 가장 오래 유지된 제국 가운데 하나입니다. 오늘날 에티오피아와 에리트레아 땅에 세워졌으며, 처음 150년 동안 자그웨 왕조가 다스렸습니다. 암숨 기독교인들은 이곳으로 대신 성지순례를 오곤 했습니다. 1270년, 자그웨 왕조를 몰아내고 이 지역에 북아프리카가 정복으로 예루살렘으로 가는 길이 막히자, 솔로몬 왕조가 들어섰습니다. 이때부터 아비시니아 제국은 오늘날 수백 년간 독립을 지켰습니다. 솔로몬 다스렸으며, 이탈리아, 아랍, 터키의 같은 외세의 침략을 막고 에티오피아의 모든 지역을 왕조도 마지막 황제인 하일레 셀라시에가 폐위된 1974년까지 에티오피아를 다스렸습니다.

1400년~현재
부간다 왕국

부간다 왕국은 동아프리카에서 가장 오래된 전통 왕국 중 한 곳으로 700년 가까이 이어져 내려왔습니다. 카토 킨투가 세운 이 왕국은 점점 땅을 넓혀 나가다 19세기가 되어서는 동아프리카에서 가장 강력한 왕국이 됩니다. 이렇게 되는 데는 부간다 왕국이 동아프리카의 대중수 지역에 있던 부모로 왕국과 소금 무역을 독점할 수 있었던 것이 큰 힘이 되었습니다. 1966년, 치열한 권력 싸움 끝에 당시 우간다의 국무총리이던 밀턴 오보테는 부간다 왕국을 소멸시킵니다. 하지만 부간다 왕국은 1993년에 다시 세워졌고, 현재는 우간다의 일부가 되었습니다. 지금도 부간다 왕국에는 왕이 있지만 대부분 우간다를 대표하는 상징으로서 역할을 할 뿐입니다.

2011년 7월 9일
세상에서 가장 젊은 나라

남수단이 오랜 내전 끝에 수단에서 독립했습니다. 이로써 남수단은 세상에서 가장 젊은 나라가 되었습니다.

르완다 대학살

1994년 4~6월, 르완다에서 100만 명에 이르는 투치 사람이 후투 사람에 의해 무참히 살해되었습니다. 이 아픈 역사는 벨기에가 식민 통치 시절 후투 사람들과 투치 사람 사이의 갈등을 부추기면서 시작되었습니다. 벨기에는 동아프리카에서 소수 민족인 투치 사람이 다수인 후투 사람보다 더 우수한 민족이라는 믿음을 르완다 사회에 심고, 투치 사람들에게 더 유리하게 통치했습니다. 많은 것을 빼앗긴 후투 사람들은 분노했습니다. 시간이 흐르면서 다수인 후투 사람이 소수인 투치 사람에게 공격당하는 일이 종종 일어났습니다. 그러다가 결국 1994년에 후투 사람들이 투치 사람들을 체계적으로 학살하기에 벌어지고 만 것입니다.

기원전 100년~기원후 700년 즈음
약숨 왕국

약숨 왕국은 오늘날 에티오피아 북부의 티그라이 지역에 있었습니다. 약숨 왕국의 중심지인 아둘리스는 무역이 활발히 이뤄지던 항구 도시였습니다. 인도, 중국, 이집트를 비롯한 북아프리카, 그리고 서아시아의 무역상들이 아둘리스로 와서 소금, 상아, 에메랄드, 동물 뿔을 사고 철, 유리 제품, 무기, 와인 등을 팔았습니다. 기념비와 건축물 같은 유적, 금과 은으로 만든 동전을 비롯한 유물에서 이 고대 왕국의 힘을 엿볼 수 있습니다. 약숨 왕국은 '게에즈'라는 자체 문자를 갖고 있었는데, 이 문자는 오늘날에도 에티오피아에서 사용되고 있습니다.

4세기 즈음, 무역상과 여행객 등을 통해 **기독교**가 북아프리카에서 동아프리카로 전해지면서 약숨 왕국은 사하라 이남 지역에서 최초로 기독교를 받아들입니다. 이후 아랍 무역상들이 동아프리카 해안 잔지바르섬에 도착하면서 **이슬람교**도 들어왔습니다. 8~10세기에 이슬람교는 동아프리카의 다른 지역으로 전파되었습니다.

800~1800년
킬와 키시와니

동아프리카 역사에서 주목할 만한 또 하나의 왕국으로 킬와 키시와니(킬와고기의 섬이라는 뜻)가 있습니다. 탄자니아 해변에서 조금 떨어진 이 섬은 케냐에서 모잠비크에 이르는 지역의 교역을 장중한 부유한 무역 도시였습니다. 아프리카 상인들이 가져온 상아, 거북 등껍질, 금 등과 인도와 중국에서 건너온 향신료, 도자기, 천을 비롯한 다양한 물품이 이곳에 모여 활발히 거래되었습니다. 오늘날에도 이 왕국의 유적이 남아 있는데, 그중에서 가장 유명한 것은 동아프리카 해안 지역에서 가장 오래된 모스크 중 하나인 대모스크입니다.

1952~1960년
마우마우 저항 운동

19세기 말, 아프리카는 대부분 식민 지배를 받고 있었습니다. 케냐에서 백인 이주민들에게 땅을 빼앗긴 키쿠유인들은 불평등과 부당한 대우에 맞서 무장 독립 투쟁을 시작했습니다. 이들을 독립군을 '마우마우'라고 부릅니다. 이 저항 운동은 결국 진압되었지만 1963년 케냐가 독립하는 데 큰 도움을 주었습니다. 이 지역의 다른 여러 나라도 식민 지배로부터 독립을 얻기 위해 노력했습니다.

1968년
인류의 기원을 찾다

1968년, 화석 채집가 피터 은주베가 탄자니아의 올두바이 협곡에서 180만 년 된 호모 하빌리스(손을 쓰는 사람이라는 뜻)의 두개골을 발견했습니다. 이 협곡에서 발견된 두개골과 기타 흔적들은 최초의 인류가 아프리카에서 진화했음을 확인해 주는 증거가 되었습니다. 인류의 기원과 관련해 이 지역은 세계에서 가장 중요한 화석 유적지입니다.

2007년 3월
모바일 화폐 혁명

케냐에서 엠페사(M-Pesa)라고 불리는 송금 시스템이 출시되었습니다. 휴대 전화만 있으면 돈을 보낼 수 있는 이 시스템은 다른 나라로 빠르게 퍼져 나갔고, 곧 아프리카 경제의 핵심이 되었습니다. 사람들은 엠페사를 이용해 쉽게 공과금을 내고 월급을 받고 보험을 들 수 있었습니다. 엠페사의 성공은 빠르게 성장하는 아프리카 금융 기술 기업의 잠재력과 미래를 보여 줍니다.

2004년 10월
노벨 평화상 수상

케냐의 생태환경자이자 활동가인 왕가리 마타이는 인권과 환경 보전을 위한 노력을 인정받아 아프리카 여성 중 최초로 노벨 평화상을 수상했습니다.

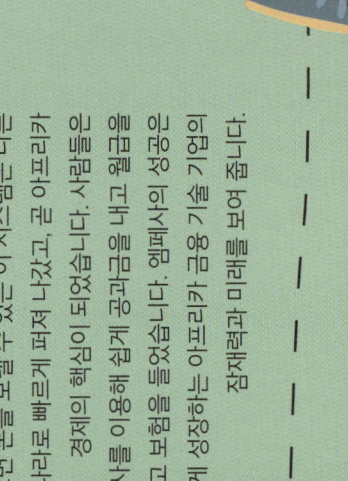

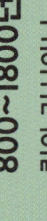

동아프리카의 사람과 문화

동아프리카는 다양한 민족과 문화, 언어가 멋지게 공존하는 곳입니다.

동아프리카 나라들의 공통점도 많지만 분명한 차이점도 적지 않습니다. 한 가지 공통점은 스와힐리어입니다. 이 언어는 탄자니아, 케냐, 우간다를 아우르는 지역에서 널리 사용하며, 소말리아와 르완다에서도 일부 사용됩니다.

또 다른 공통점은 종교인데, 이곳에서는 주로 이슬람교와 기독교를 믿습니다. 탄자니아 일부 지역, 소말리아, 아프리카의 뿔 지역, 케냐 동부에서는 이슬람교를 믿습니다. 그리고 그 외의 지역에서는 기독교와 이슬람교 외에 아프리카의 다른 지역에서처럼 동아프리카에서도 기독교와 이슬람교 외에 아프리카 전통 종교 의례와 관습을 지키기도 합니다.

달리기가 가장 빠른 칼렌진인

전 세계를 대표하는 케냐 출신 장거리 달리기 선수가 많습니다. 그들 중 대부분이 칼렌진이라는 사람들입니다. 올림픽과 세계선수권대회에서 케냐 선수들은 5000미터, 1만 미터, 마라톤 경기의 메달을 휩쓸며 늘 주목을 받습니다. 2019년 기준으로, 칼렌진 선수들은 케냐의 모든 금메달 중 73퍼센트를 땄다고 합니다. 왜 이렇게 뛰어난지 과학자들이 연구해 봤더니, 칼렌진 선수들이 훈련하는 높은 고도, 먹는 음식 등이 덕택이라고 합니다.

키가 가장 큰 딩카인

남수단 인구의 대부분을 차지하는 당카인은 큰 키로 유명합니다. 당가 남성의 평균 키는 180센티미터이며, 2미터를 훌쩍 넘기는 사람도 종종 있습니다. 왜 이렇게 크게 자라는지는 알 수 없지만, 키가 매우 커다란 장점이 되기도 합니다. 마누트 볼을 들 그 예로 들 수 있습니다. 그는 남수단의 농구 선수로, 1985년 미국 NBA 리그에 진출했습니다. 다른 선수들보다 머리 하나가 더 높던 그의 키는 231센티미터로, NBA 역사에서 첫손에 꼽힐 정도 있습니다.

가장 거친 아프로인

여러분이 다람과 가품으로 숨 막히고 화산이 부글거리며 살고 있다고 상상해 보세요. 아프리카의 아파르인은 동아프리카 지구대 북쪽의 지부티와 에리트레아, 에티오피아와 에리트레아라는 땅에 살고 있었습니다. 그들은 척박한 환경에서 소떼, 낙타, 염소, 당나귀 같은 가축을 기르며 살아갑니다. 아파르인 남성은 부모들에게 보내는 메시지를 두피 사이 깊게 남긴 머리 모양으로 유명한데, 태양빛으로부터 머리카락을 보호하려고 버터를 바르기도 합니다. 또 염소로 만든 토가 (로마 시대 남성이 입던 긴 겉옷)를 걸치고 단검으로 무장합니다. '질레'라고 부르는 굽고 보는 날을 가진 장식용으로 차는 칼이지만 싸울 때 쓰기도 합니다.

자연의 벗, 마사이인

탄자니아 북부와 케냐에는 자연과 친밀하게 살아가는 마사이인이 있습니다. 수백 년 전 마사이인은 사자와 표범 코끼리와 양을 찾아 이동했습니다. 그들은 가축을 키우며 중심으로 생활하며, 초원을 걷거든 맞춰 가축들과 함께 긴 거리를 이동합니다. 가진 것보다는 영양을 찾기 위해 담요처럼 생긴 붉은 색이 있는데, 마사이인은 오치림으로 알려진 '슈카'라는 옷을 두릅니다. 아다무라는 전통 춤도 유명합니다. 남자들이 출추며, 누가 가장 높이 뛰어오르는 남성은 자기 아내가 될 사람을 고를 수 있습니다.

야생동물 천국

동아프리카에서는 아프리카에서 가장 독특하고 놀라운 풍경이 펼쳐집니다. 킬리만자로산의 눈 덮인 봉우리부터 세렝게티의 넓은 초원까지 숨 막힐 듯 아름다운 곳입니다. 이 지역에는 세계에서 가장 매력적인 동물들도 살고 있습니다. 르완다의 우간다에 사는 덩치 큰 산악고릴라, 거의 만나기 힘든 흑표범 같은 동물이지요. 흑표범은 2019년에 케냐에서 마지막으로 목격되었다고 합니다.

세렝게티 국립공원

세렝게티 국립공원은 넓이가 약 1만 4000제곱킬로미터에 이르는 생태계 보호 구역으로, 탄자니아 북부에서 케냐 남서부까지 걸쳐 있습니다. 크고 작은 늪지, 강, 거대한 평원으로 이루어져 있으며 무수히 많은 치타와 코끼리, 영양, 사자, 얼룩말, 기린 등이 살아갑니다. 세렝게티는 지구상에서 동물들이 가장 큰 무리를 지어 이동하는 곳으로도 유명합니다. 150만 마리 이상의 영양, 30만 마리의 가젤, 20만 마리의 얼룩말 등이 물과 먹이를 찾아 탄자니아 북부에서부터 평원과 숲을 지나 케냐의 마사이마라 국립공원으로 올라갔다가 다시 내려가곤 합니다. 이 동물들은 한 번 이동할 때마다 800킬로미터를 넘게 여행합니다.

동아프리카 지구대

3500만 년 전에 지각이 갈라지면서 동아프리카에는 수천 킬로미터에 걸쳐 깊은 골짜기 모양의 지형이 생겨났습니다. 이를 지구대라고 부르는데, 동아프리카에는 동부 지구대와 서부 지구대가 있습니다. 이 두 지구대 사이에 자리 잡은 넓은 평원에는 높은 산, 깊은 호수에는 갖가지 생명체가 어울려 살아가며 독특하고 다양한 생명 다양성(생물 종, 환경, 유전자 등이 다양하게 어우러져 있는 상태)을 이루고 있습니다. 예를 들어 깊이가 얕은 나쿠루 호수는 분홍색 프라밍고가 살아서인데, 이 우아한 새들로 호수가 완전히 뒤덮일 때가 있어 '핑크 호수'라고도 불린답니다.

루시의 발견

에티오피아의 아와시강 하류 유역은 인류의 조상에 대한 연구에서 매우 중요한 지역입니다. 이 지역에서는 화석 사이 아닌 발굴되었는데 400만 년 전의 것도 있다고 합니다. 그 가운데서 1974년에 발견된 화석이 가장 유명합니다. 약 320만 년 된 이 화석은 누군가 가져 있는 조상인 것으로 밝혀졌습니다. 누 발로 서서 이름 붙여진 이 여성의 골격은 지금까지 발견된 인류 화석 중 가장 오래된 것입니다.

에티오피아고원

에티오피아에는 아프리카에서 가장 높은 산들이 있습니다. 장엄한 모습을 자랑하는 이 산들이 에리트레아까지 뻗어 있어서, 에티오피아에서는 이 고원을 에리트레아고원이라 부릅니다. 이곳에는 갈라파고스원숭이, 멸종 위기종으로 있는 에티오피아늑대 등 다른 곳에서는 찾아볼 수 없는 동물들이 살고 있습니다. 또한 에티오피아검은마리웅날새, 아비시니아영턱박새 에티오피아얼까마귀처럼 혼히 없는 새들도 이곳에서 삽니다.

모리셔스의 무지개 언덕

연갈색의 결붉은 모래가 아니라 빨강, 주황, 노랑, 초록, 파랑, 보라 등 무지갯빛으로 빛나는 모래 언덕을 본 적 있나요? 모리셔스의 사마렐 지방에는 '일곱 빛깔 언덕'으로 불리는 언덕이 있습니다. 화산 활동으로 형성된 이 언덕의 모래에는 다양한 광물이 들어 있어 이처럼 다채로운 색을 냅니다.

세상을 바꾸는 데 힘을 쏟은 사람들

위니 비아니마 (1959~)

위니 비아니마는 오랜 기간 수많은 역할을 맡아 온 진정한 개척자입니다. 우간다의 첫 항공 엔지니어였고, 지역 정치 활동을 하다가 우간다의 국회의원이 되었습니다. 여성의 권리를 위해 힘썼으며, 영국의 구호단체인 옥스팜의 사무총장, 유엔에이즈계획(에이즈 관리와 예방 활동을 하는 유엔의 기구)에서 사무부총장을 지내는 등 여러 단체에서 주요한 역할을 맡았습니다.

왕가리 마타이 (1940~2011)

1977년, 왕가리 마타이는 여성들이 나무를 심고 땅을 가꿀 수 있게 돕는 그린벨트 운동을 시작했습니다. 이 운동을 통해 5000만 그루 이상의 나무를 심었습니다. 환경 운동가이자 인권 운동가인 왕가리는 케냐에서 최초로 이뤄 낸 것들이 많습니다. 여성으로는 처음으로 케냐에서 대학교수가 되었고, 2004년에는 평화, 지속 가능한 발전, 민주주의에 대한 공로로 아프리카 여성 중 최초로 노벨 평화상을 받았습니다.

하일레 셀라시에 (1892~1975)

하일레 셀라시에는 1930년부터 1974년까지 에티오피아의 마지막 황제로 재임했습니다. 황제로서의 정식 이름은 유다 지파의 정복하는 사자, 왕 중의 왕이며 하나님의 택하신 자, 하일레 셀라시에 1세 폐하입니다. 수십 년간 황제로 있으면서 아프리카의 통합을 지지하고 나라의 개혁을 이끌었습니다. 1963년에는 아프리카단결기구(오늘날 '아프리카연합'으로 이어짐)를 만들어 첫 의장을 지냈습니다. 자메이카의 라스타파리교에서는 그를 신으로 섬기기도 해요. 자메이카의 밥 말리와 에티오피아의 테디 아프로를 비롯한 여러 가수가 그의 업적을 노래했습니다. 하지만 그를 독재자라고 비판하는 사람들도 있습니다.

하일레 게브르셀라시에 (1973~)

농장에서 태어나 자란 하일레 게브르셀라시에는 매일 먼 거리인 북 20킬로미터를 맨발로 달려서 학교에 다녔습니다. 교과서를 늘 팔에 끼고 달리던 습관 때문에 은퇴 후에도 그는 구부정하게 달렸지만, 마라톤에서 세계 최초로 2시간 4분에 기록을 세우는 등 여러 종목의 세계 기록을 세운 위대한 장거리 육상 선수입니다.

이만 압둘마지드 (1955~)

원래 이름은 자란 모하메드 압둘마지드이며, 소말리아의 수도인 모가디슈에서 태어났습니다. 어느 날 한 사진작가가 지나가던 그에게 사진을 찍어도 되겠느냐고 물어왔습니다. 이 만남은 단숨에 스타 모델이 앞섯었지만 결국 하락했어도 이 사진으로 그녀는 단숨에 스타 모델이 되어 오랫동안 활동을 이어 갔습니다. 이만은 세계적인 패션쇼와 잡지 표지 등에 출연했습니다. 또 화장품 사업가가 되어 1994년에 흑인의 피부색에 맞는 화장품 브랜드를 세상에 내놓았습니다.

압둘라지크 구르나 (1948~)

2021년 10월, 탄자니아 출신으로 영국에서 활동하는 소설가인 압둘라지크 구르나가 노벨 문학상을 받았습니다. 그는 잔지바르섬에서 태어나 자랐는데, 이탈게 사람들과 숨돌려주신 박해를 피해 영국으로 망명했습니다. 압둘라지크의 이런 경험은 그의 작품에도 영향을 주었습니다. 그가 쓴 열 편이 넘는 소설과 여러 단편은 주로 식민주의, 망명과 추방, 이방인의 삶을 다루고 있습니다.

동아프리카 아프리카

빠르게 성장하는 경제

동아프리카에서 에티오피아, 르완다는 세계에서 경제가 가장 빠르게 성장하는 나라에 듭니다. 이렇게 경제가 빠르게 성장하는 이유는 한 가지 산업에 의존하지 않고 관광산업, 금융 서비스업, 제조업 등 산업을 다양하게 키워 나간 덕분입니다.

조명! 카메라! 액션!

우간다의 수도 캄팔라 외곽의 한 마을인 '와칼리가'에는 상상력 넘치는 영화 산업이 발달해 있습니다. '와칼리우드'라고 불리는 이곳은 우간다의 할리우드입니다. 2005년, 아이작 나브와나 감독이 독학으로 영화를 만들면서 와칼리우드가 시작됐습니다. 이곳에선 지금까지 40편이 넘는 영화가 만들어졌으며, 화장실 휴지와 콘돔 프라이팬, 파이프 등 어디서나 볼 수 있는 물건을 이용해 특수 효과로 무장한 등을 세계에 알린 우간다의 첫 액션 영화로, 영화를 만드는 데 20만 원 정도밖에 들지 않았다고 합니다.

실리콘 사바나

세계를 바꿀 다음의 새로운 기술은 캐냐의 실리콘 사바나에서 개발될지도 모릅니다. 캐냐의 수도 나이로비에 수많은 스타트업 기업이 모여 일상의 문제들을 해결하는 기술을 개발하고 있기 때문입니다. '실리콘 사바나'라는 이름은 첨단 기술 기업이 모여 있는 미국 캘리포니아의 실리콘밸리를 따서 지어졌습니다.

미래의 도시

첨단 기술로 유명한 캐나에서는 나이로비와 가까운 곳에 기술 산업의 중심이 될 문자 기술 도시를 짓고 있습니다. 넓이가 20제곱킬로미터인 이 미래 도시에는 새로운 대학교와 IT 기업 등이 들어올 거라고 합니다. 지속 가능한 도시가 될 수 있도록 건설 중이며, 건축 재료도 환경에 부담이 작은 것을 쓰고 있습니다. 도시가 완성되면 새로운 일자리도 많이 생겨날 것입니다.

모바일 혁명

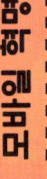

아프리카는 모바일 화폐 분야에서 광장히 앞서 있습니다. 모바일 화폐 엠페사는 케냐와 탄자니아를 비롯한 여러 나라에서 휴대전화를 이용해 돈을 주고받을 수 있게 해 주면서 삶에 깊숙이 자리 잡았습니다. 이 서비스의 장점은 은행 계좌가 없어도 기본 기능만 되는 휴대전화가 있다면 이용할 수 있다는 점입니다. 아프리카 대륙에는 현재 세계 어떤 지역보다 훨씬 많은 1억 개의 모바일 화폐 계좌가 활발하게 사용되고 있습니다.

커피 시간

에티오피아가 커피의 고향이라는 사실을 알고 있나요? 에티오피아는 17세기에 처음으로 커피를 수출하기 시작했고 19세기에 커피 산업을 크게 성장시켰습니다. 오늘날 에티오피아는 아프리카에서 가장 커피를 많이 생산하는 나라입니다. 에덴 커피 원두 수백만 포대를 수출한답니다.

콩고민주공화국 역사

중앙아프리카의 수렵채집민은 세상에서 가장 처음 나타난 현생 인류의 한 갈래입니다. 이 사람들의 뿌리는 25만 년 전으로 거슬러 올라갑니다. 그리고 약 3000년 전부터는 이 지역에 서아프리카에서 남쪽으로 이주해 온 반투인이 살기 시작했습니다.

3000년 전 즈음
반투인의 대이동

반투어를 쓰는 사람들이 대이동은 2000년 가까이 이어졌습니다. 기원전 500년 즈음에는 그들 가운데 몇몇 집단이 중앙아프리카의 우림 지역에 자리를 잡았습니다. 그들이 고향을 떠난 이유에 대해서 학자가 이렇게 믿고 있습니다. 농업이 발달하고, 도자기를 만들고, 철을 사용함에 따라 더 많은 자원이 필요해졌고, 그래서 새로운 땅을 찾아 이동할 수밖에 없었다고 말이지요. 하지만 아는 수준일 뿐, 분명한 이유는 아직 밝혀지지 않았습니다.

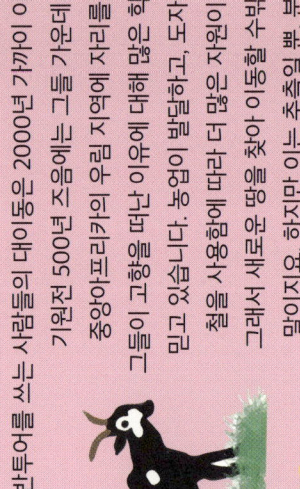

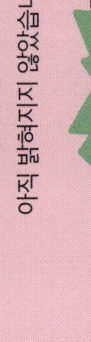

1500년 즈음~1966년
부룬디 왕국

1500년 즈음에 세워진 부룬디 왕국은 음와미(통치자라는 뜻)라고 불리는 왕들이 다스렸습니다. 왕 아래에는 더 작은 지역을 다스리는 민족의 장들이 있었습니다. 부룬디 왕국은 1890년에 독일의 식민지가 되었다가 1962년에 독립했습니다. 그리고 4년 뒤인 1966년에 군주제가 폐지되고 공화국이 되었습니다.

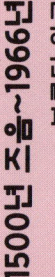

1600년 즈음~1900년
룬다 왕국

17세기 초부터 19세기 말까지 룬다 왕국은 오늘날의 앙골라 북부, 잠베아 서부, 콩고민주공화국의 중남부에 이르는 지역에서 정치적, 군사적으로 가장 강력한 나라였습니다. 룬다 왕국은 농업, 어업, 채집업 등을 통해 번영할 수 있었습니다.

1884년, 유럽 국가들은 독일에서 만나 아프리카 대륙을 자기들끼리 어떻게 나눠 가질지 논의했습니다. 이후 이어진 식민 통치는 아프리카의 사회, 경제, 정치에 길고 커다란 영향을 주었습니다. 제2차 세계대전 이후 독립 투쟁이 잇따랐습니다. 1960년은 카메룬, 콩고민주공화국, 가봉, 차드, 중앙아프리카공화국, 콩고공화국이 모두 프랑스로부터 독립한 중요한 해입니다.

1971~1997년
이름 바꾸기

1971년, 콩고민주공화국은 '자이르공화국'으로 이름을 바꾸었습니다. '모부투 세세 세코'라고 불린 자기 이름도 '모부투 자이르강으로 바꾼 것은 포르투갈어 이름을 자이르강으로 아프리카식으로 바꾸에 여러 도시의 이름도 아프리카식으로 바꾸었습니다. 아프리카의 전통과 고유한 이름을 되살리려 나라의 '정통성'을 세움으로써 자신의 통치가 정당함을 알리려 한 것이었습니다. 하지만 1997년, 로랑 카빌라가 대통령에 오르면서 나라의 이름은 다시 콩고민주공화국으로 돌아왔습니다.

1974년
정글에서의 대소동

1974년 10월 30일, 자이르공화국(현재의 콩고민주공화국)의 수도 킨샤사에서는 세기의 스포츠 대결이 열렸습니다. 약 6만 명의 관중이 참석했고 약 10개 명의 사람이 텔레비전으로 지켜본 이 행사는, 복싱계의 전설이 무하마드 알리와 세계 챔피언 조지 포먼의 경기였습니다. 킨샤사와 아프리카 전역의 이 경기로 많은 주목을 받았습니다. 이 경기에서 승리한 이는 무하마드 알리로, 대단한 복싱 선수이자 인종 차별에 맞선 영웅으로 역사에 남았습니다.

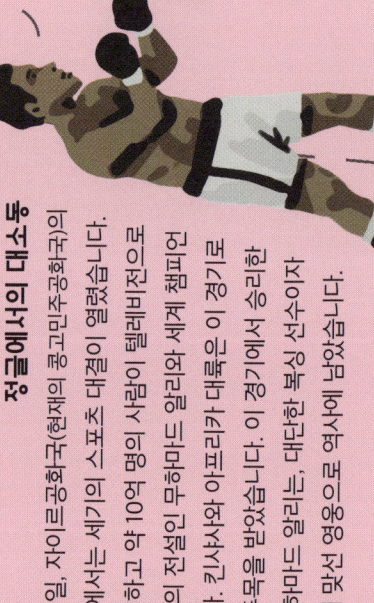

10세기
붉은 금

구리는 중앙아프리카의 경제에서 중요한 역할을 했습니다. 화폐로도 쓰였는데, 한때 금보다도 가치가 높았습니다. 발굴에 따르면 중앙아프리카에서는 10세기부터 구리가 생산되기 시작했습니다. 콩고공화국의 남부에서 구리를 제련하고 생산하던 흔적이 발견됐는데, 적어도 1000년 전의 것이라고 합니다.

1390~1800년
콩고 왕국

이 시기에 콩고 왕국은 사하라 이남 아프리카에서 가장 큰 왕국 가운데 하나였습니다. 오늘날의 앙골라, 콩고민주공화국, 콩고공화국에 걸쳐 있는 땅을 다스리던 이 왕국은, 정교한 상아 조각부터 섬세하게 짠 직물에 이르기까지 창조성으로 빛나는 수많은 물품으로 유명합니다.

1400~1800년 즈음
루바 왕국

루바 왕국은 각 지역의 지도자들이 모여 선출한 '물로포웰리'라는 성스러운 왕이 다스렸습니다. 루바인들은 예술성 높은 조각상과 목조 공예 등으로 잘 알려져 있습니다. 이들은 '루카사'라는 나무 기록판에 구슬과 조개껍데기의 위치, 모양, 빛깔 등을 이용하여 역사를 기록했습니다. 루카사의 쓰임새는 루바 왕국의 역사를 기억하는 '음부디에'의 기억을 돕는 것이었습니다. 이 왕국은 오늘날 콩고의 남동부에 있었습니다.

1600년 즈음~1910년
쿠바 왕국

쿠바 왕국(또는 바쿠바 왕국)은 17세기 초에 세워졌습니다. 섐베 불룽공고 왕이 이끌던 시기에 상아를 비롯한 물품 거래가 활발해지고 농업 생산량이 늘어 번영을 누렸습니다. 또한 섬유 생산, 음악 제작, 옷감 짜기와 같은 생산 활동이 장려되었습니다. 쿠바 왕국은 응곰베, 부숑 등 여러 민족으로 이루어진 나라였는데, 렐 불룽, 응곰베, 부숑 등 여러 민족으로 이루어진 나라였습니다.

1965년~현재
올아프리카게임(지금은 아프리칸게임)

1965년 7월 콩고의 브라자빌에서 열린 제1회 올아프리카게임에는 약 2500명의 선수가 참가했습니다. 오늘날 아프리칸게임은 아프리카의 운동 선수들에게 가장 중요한 체육 행사로서, 기계체조부터 레슬링까지 다양한 종목의 선수들이 제 능력을 뽐내며 겨룹니다.

중앙아프리카의 서로 다른 민족

중앙아프리카에는 민족과 문화, 언어가 놀랍도록 다양하며, 민요와 신화처럼 입에서 입으로 전해 내려온 인상 같은 구전 유산이 있습니다. 특별한 의식을 치르거나 인물을 기리기 위해 만든 조각품, 동상, 탈 등은 중앙아프리카의 풍성한 예술과 문화에서 중요한 자리를 차지합니다. 다른 아프리카 지역과 마찬가지로 이 지역 사람들도 전통과 현대가 뒤섞인 삶을 살고 있습니다.

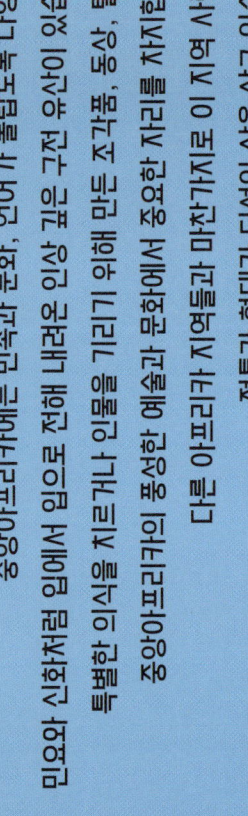

아카인, 음부티인, 에페인

콩고 분지에 사는 여러 민족을 현존하는 가장 큰 수렵채집 집단입니다. 아카인도 그중 하나입니다. 숲의 냄새와 소리에 민감한 이들은 놀랍도록 뛰어난 동물 추적 기술을 갖고 있습니다. 이들은 그 능력을 이용해 서부저지고릴라를 비롯해 멸종 위기에 있는 동물들을 추적해서 보호하는 활동에 앞장서고 있습니다. 때때로 아카 사람들은 강낭콩 같은 이름 갖아서 남카롭게 만들기도 합니다. 이 행위를 성인이 되는 의식으로 삼는 집단도 있고, 미용을 위해 하는 집단도 있습니다.

라 사페

콩고공화국의 브라자빌을 분위기를 만드는 우아한 사람들의 모임이라는 뜻을 가진 패션 운동 '라 사페'는 '사포조'라 불리기도 벗어지는 곳입니다. 이 운동을 하는 사람들(남성은 '사푸르', 여성은 '사페조')은 밝고 과감한 색과 화려한 무늬의 셔츠, 넥타이, 구두, 정장을 입습니다. 1920년대에 멘디들로부터 영감을 받았지만, 그 스타일은 아프리카에서 세월을 해석해서 그우아 멋과 태도를 더해 패션을 완성합니다. '맨디'란 외모에 신경을 많이 쓰고 늘 멋진 차림새를 했던 프랑스의 서민주의자들을 가리키던 말입니다.

바밀레케인

바밀레케인은 카메룬 초원에서 살던 민족입니다. 카메룬 서부의 산악 지역에 있는 카메룬의 삶터를 옮기면서 카메룬 전역으로 퍼져 나갔습니다. 이들은 '조각'이라 불리는 여러 왕국이 있었습니다. 바밀레케인은 삶터를 자주 옮기면서 카메룬 전역으로 퍼져 나갔습니다. 이들은 '조각'이라 불리는 여러 왕국에 바치는 독특한 예술 작품들로 유명합니다. 구슬 고예품과 나무 조각품 등은 주로 왕의 모습을 본떠 만든 것입니다.

바밀레케인은 주로 농사를 지으며, 옥수수와 가축도 기릅니다. 그리고 아들을 많이 낳기를 바랍니다. 옥수수와 가축을 늘려 재배합니다. 바밀레케인은 주로 농사를 지으며, 옥수수와 가축도 기릅니다. 이들은 인상이 여성이 땅을 더 풍요롭게 만든다고 믿기 때문에, 여성들이 새뿌리기와 추수를 맡아 합니다.

우다베인

'우다베'는 금기라는 뜻입니다. 우다베인은 소떼 낸기 시헬 지역을 떠돌며 가축을 치는 유목민으로 주로 차드 민족의 니제르 국경 지역에서 삽니다. 우다베인은 수백 년간 사헬 지역을 떠돌며 가축을 치는 유목민으로 살아왔습니다. 이들은 우유와 수수 가루로 죽이나 도우를 만들어 먹는 단순한 생활을 합니다. 우다베인 남성들은 '게레올'이라는 행사에서 특별한 의상을 입고 춤을 추며 여성들에게 자신을 뽐냅니다. 매력을 더하기 위해 화장을 하고, 동물의 뼈로 만든 장신구를 달고, 때로는 염소의 수염을 붙이기도 합니다. 또 새하얀 이를 돋보이려고 입술은 검은색으로 칠하기도 합니다.

팡인

팡인은 카메룬, 적도기니, 가봉 등에서 살고 있습니다. 주로 수렵을 하지만 농사를 짓기도 합니다. 팡인 사회는 씨족을 중심으로 합니다. '씨족'이란 조상이 같은 사람들을 말합니다. 팡인 이다벽돌을 만나면서 생활하기 때문에 중요한 조상의 뼈만을 땅에 묻지 않고 지니고 다니는 풍습이 있답니다. 이 뼈를 특별한 보관함에 넣고 나무 조각으로 장식합니다. '비에리'라고 부르는 이 조각에, 보관함 속 주인의 영혼이 깃든다고 믿습니다.

음악

콩고민주공화국의 수도인 킨샤사는 모두가 인정하는 아프리카 음악의 심장부입니다. 콩고 음악은 국경을 넘어 전 세계 클럽에서 울려 퍼지고 있습니다. 미국의 재즈와 쿠바 음악 등 다양한 음악에서 영향을 받은 콩고 음악가들은 콩고 룸바, 소쿠스 같은 자신들만의 매력적인 음악을 창조해 냈습니다.

요리

중앙아프리카 사람들은 카사바, 플랜틴, 얌으로 만든 죽을 먹습니다. 여기에 시금치나 다양한 재료를 곁들입니다. 플랜틴은 땅콩 같은 음식을 주로 먹습니다. 여기에 시금치나 다양한 재료를 곁들여 먹습니다. 플랜틴은 바나나의 친척쯤인데, 바나나보다 크고 껍질도 두껍습니다. 날것으로는 먹을 수 없어서 그 안의 속살을 튀긴 것이 생선이며, 감자와 비슷한 맛으로 요리에서 먹을 수 있답니다. 카사바도 얌도 수프와 뿌리채소로, 그 안의 속살을 '푸푸'라고 하는 죽처럼 만들어 국에 개어서 만족처럼 먹는답니다. 쇠고기, 닭고기, 생선 등도 함께 먹습니다. 이곳 사람들은 악어, 영양, 원숭이 같은 야생동물의 고기를 먹기도 합니다.

야생 동물 가득

열대우림, 사바나의 고원, 광활한 정글! 중앙아프리카에는 이 모든 것이 있습니다. 차드 북쪽에서는 사하라 사막의 이글거리는 열기도 느낄 수 있고, 콩고의 서늘한 열대우림에서는 두꺼운 덩굴과 하늘을 찌를 듯 솟아오른 아름드리나무 사이를 헤맬 수도 있지요. 중앙아프리카에서 중앙아프리카에서 녹지가 가장 많은 지역이어서 놀랍도록 다양한 생물들이 살기가 좋아 동물이 되어 줍니다. 서부저지고릴라부터 침팬지, 둥근귀코끼리, 붉은물소, 표범, 숲댕대말과 하마까지, 이 경이로운 땅은 크고 작은 수많은 생물의 보금자리입니다.

위대한 콩고강

콩고강은 서아프리카에서 중앙아프리카까지 일곱 개 나라에 걸쳐 모두 4700킬로미터를 흐르는 장대한 물줄기입니다. 최대 수심이 220미터나 되어 세상에서 가장 깊은 강이기도 합니다. 또한 콩고강 주변 분지에 사는 7500만 명의 사람들에게 물과 음식을 공급하는 없어서는 안 되는 자원이자, 중요한 교통로이기도 합니다.

콩고 분지

콩고 분지는 숲과 강, 습지와 사바나가 여섯 개 나라에 걸쳐 어지럽게 뒤섞여 있는 미로입니다. 또한 종이 넘는 둥근귀코끼리, 물소, 산악고릴라, 보노보, 1만 종이 넘는 열대 식물, 1000종이 넘는 새, 그리고 수백 종의 물고기가 사는 집이기도 합니다. 콩고 분지의 우림은 아마존 우림에 이어 세계에서 두 번째로 넓은 열대우림입니다. 지구에 몇 남지 않은 무척 중요한 야생 지역이랍니다.

둥근귀코끼리

둥근귀코끼리는 중앙아프리카의 열대우림에 사는 숲 코끼리입니다. 사바나에 사는 아프리카코끼리보다 몸집이 작으며, 3~5마리 정도가 무리를 지어 나뭇잎, 풀, 씨앗, 열매, 나무껍질 등을 먹으며 살아갑니다. 둥근귀코끼리는 엄청난 양의 과일을 먹고 씨앗을 똥으로 내놓기 때문에 이 지역의 나무 종을 퍼트리는 데 중요한 역할을 합니다. 그래서 숲의 정원사라고도 불립니다.

산악고릴라

세상에서 가장 큰 영장류인 산악고릴라는 중앙아프리카 동쪽의 높은 산악 지대에서 삽니다. 힘이 무척 세며 몸무게가 최대 180킬로그램까지 나갑니다. 두꺼운 털은 산의 추운 날씨로부터 고릴라를 보호해 줍니다. 산악고릴라는 옷맷돌인 밀렵 때문에 멸종 위기에 놓여 있었습니다. 하지만 보호 노력 덕분에 개체 수가 점차 늘고 있다고 합니다.

오카피

오카피는 기린의 사촌이 있는 유일한 친척입니다. 그래서 '숲의 기린'이라고도 불립니다. 털이 기린과 얼룩말처럼 줄무늬가 있어서 육상말과 사슴을 반씩 거쳐간 것처럼 보입니다. 기름지고 두꺼운 털가죽 덕분에 비가 와도 잘 젖지 않습니다. 오카피는 중앙아프리카 콩고민주공화국의 열대우림에 살고 있습니다. 오카피는 기린과 같이 위가 네 개이며, 나뭇잎이나 풀, 버섯 등을 소화합니다.

카메룬고원

카메룬과 나이지리아가 만드는 서쪽 국경 지대에는 높은 산들이 있습니다. 그중 하나가 높이가 4040미터인 '몽고 마 은데미'입니다. '위대한 산'이라는 뜻의 '카메룬산'으로도 불리는 이 산은, 중앙아프리카와 사이프러스를 통틀어 가장 높은 산이고, 왕성하게 활동하는 화산이입니다. 카메룬산을 둘러싼 숲에는 희귀한 동식물을 비롯해 다양한 생물들이 살고 있습니다.

예술을 빛낸 그랑 수페리외르

부룬디의 왕실 북 연주자들

부룬디의 왕실 북 연주자들은 세상에서 가장 뛰어난 타악기 합주단으로 인정받습니다. 탄생, 죽음, 서거 등 왕실의 여러 행사를 기념하기 위해 16세기에 처음 꾸려진 이 합주단은 오늘날에도 국가 행사나 축제 등에서 북을 연주합니다. 연주단은 아버지에서 아들로 전승됩니다. 이들이 사용하는 북은 두루부군고마라는 나무로 만드는데, 이 이름은 '북을 말하게 하는 나무'라는 뜻입니다. 연주자들은 전통을 계속될 수 있도록 이 나무의 씨앗을 뿌리고 나무를 가꾸는 책임을 맡습니다.

베누아스트 니용가보 (1973~)

베누아스트 니용가보는 부룬디의 육상 선수입니다. 부룬디가 올림픽에 처음 출전한 1996년 애틀랜타 올림픽의 남자 5000미터 경기에서 금메달을 거머쥐어 세상을 놀라게 했습니다. 더욱 놀라운 건 그가 올림픽 전에 국제 경기에서 5000미터를 겨우 두 번밖에 뛰어 보지 않았다는 점입니다. 오늘날까지 그는 부룬디의 유일한 올림픽 금메달리스트로 남아 있습니다.

파파 웸바 (1949~2016)

콩고의 음악가 파파 웸바는 생동감 있고 매력적인 멜로디로 '콩고 룸바의 왕'으로 불립니다. 콩고 스쿠스와 룸바 장르를 대표하는 슈퍼스타로, 콩고 음악을 전 세계에 알리는 데 크게 기여했습니다.

암다 도 에스피리토 산토 (1926~2010)

암다는 아프리카에서 처음으로 포르투갈어로 작품을 발표한 여성 작가입니다. 또한 상투메프린시페 독립운동가로도 잘 알려져 있습니다. 그녀는 상투메프린시페 국가의 가사를 썼고, 1980~1991년에 상투메프린시페의 장관, 국회의원, 국회의장 등을 지냈습니다.

마하마트 살레 하룬 (1961~)

마하마트 살레 하룬은 차드의 영화감독입니다. 아프리카에서 가장 유명한 영화감독으로, 〈바이 바이 아프리카〉, 〈아부나〉, 〈다라트〉, 〈절규하는 남자〉 등의 작품으로 여러 영화제에서 수상을 한 경우 있습니다. 그의 영화는 대부분 차드를 배경으로 하고 있습니다.

피에르에므리크 오바메앙 (1989~)

피에르에므리크 오바메앙은 가봉의 국가대표 축구팀의 주장입니다. 그는 프랑스의 AS 생테티엔과 독일의 보루시아 도르트문트 등 유럽의 여러 축구팀에서 활약했으며, 2022년부터 영국 프리미어리그의 첼시 FC에서 뛰고 있습니다. 그는 '2016년 최고의 아프리카 축구 선수'로 선정되기도 했습니다.

카메룬의 음악가

카메룬이 활기띠는 음악세계

카메룬은 작은 아프리카로 불립니다. 지리적으로나 문화적으로 놀랍도록 다양하기 때문입니다. 언어만 해도 수백 가지가 넘을 정도니까요. 카메룬의 음악도 마찬가지지에서, 작곡가이자 세소폰 연주자인 마누 디방고, 다양한 악기를 연주하는 리차드 보나 등 유명한 음악가를 많이 배출했습니다. 카메룬에는 전통 음악과 현대 음악을 버무려서 자신만의 독특한 음악을 만들어 내는 뮤지션 로쿠아 칸자 등 재능 있는 음악가들로 가득합니다.

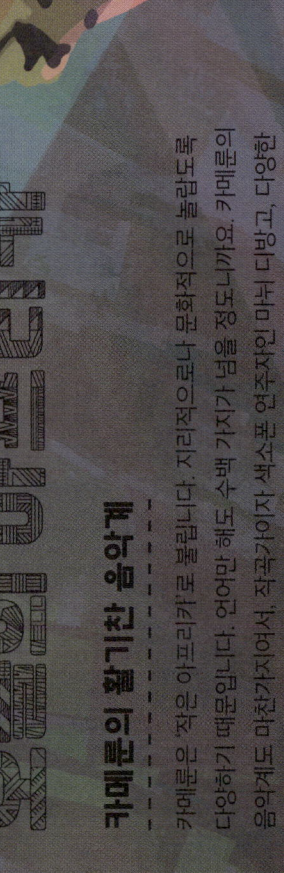

킨샤사의 로봇 경찰

콩고민주공화국의 활기찬 수도 킨샤사에 방문한다면 로봇 교통경찰을 만나게 될지도 모릅니다. 다무케, 무욜루케, 카상가라는 이름의 세 로봇입니다. 키가 2.5미터나 되는 이 로봇들은 250킬로그램이나 됩니다. 이 로봇들은 도시의 붐비는 교통을 정리하는 역할을 맡고 있습니다. 알루미늄으로 제작되고 태양광 발전으로 움직이는 이 로봇들은, 콩고의 엔지니어이자 기업인인 테레즈 이자 카룸고지가 만들었습니다.

서아프리카

서아프리카는 혁신과 활력, 창의성이 넘쳐흐르는 곳입니다. 강력한 제국과 왕국 들의 파란만장한 역사를 품고 있는 지역이기도 합니다. 오늘날 서아프리카에서는 기업가, 기술자, 과학자, 예술가, 혁신가 들이 대륙의 미래를 개척해 나가고 있습니다.

카보베르데는 큰 섬 열 개와 작은 섬 다섯 개로 이루어진 나라입니다. 1800년대 이래로 이 지역에 가뭄과 기아가 계속되면서 카보베르데 사람들은 일자리를 찾아 섬을 떠나기 시작했습니다. 오늘날에는 카보베르데보다 해외에 사는 카보베르데인이 더 많다고 합니다.

감비아는 아프리카 본토에서 가장 작은 나라입니다. 국토의 폭이 50킬로미터로 이하로 좁으면서 가로로 길쭉한 모양을 하고 있습니다. 이 작은 나라는 선거에서 투표용지 대신 구슬을 사용합니다. 이러한 독특한 투표 방식은 글을 읽을 줄 모르는 사람들도 투표할 수 있도록 고안되었습니다.

세네갈의 작은 섬 고레에는 자동차가 다니지 않습니다. 그리고 이 섬은 조개껍데기 천국입니다. 1974년에 이름에 '바사우'를 더했습니다. 아프리카의 이름이 '기니'가 들어간 나라가 또 있는데, 바로 적도기니입니다.

부르키나파소의 수도는 '와가두구'입니다. 보통은 줄여서 '와가'라고 부르는데, 부르키나파소에서 주로 쓰는 언어인 모레어로 '정직한 사람들이 땅'이라는 뜻입니다.

카베 쪽쪽 들어오는 〈에게 에게〉는 기니의 한 가수이자 작곡가인 모리 칸테의 노래입니다. 이 노래가 들어 있는 음반은 1987년에 발매되었고, 아프리카 음반 중 최초로 100만 장 이상 팔렸습니다.

시에라리온에서 가장 오래되고 유명한 장소는 수도인 프리타운의 중심가에 있는 거대한 양목면(현지어에서는 '목화나무'라고 부름)입니다. 노예가 수백 살이라는 이 나무 아래에서 해방된 노예들이 만나곤 했습니다. 그래서 이 나무는 자유로 정착되는 이 너무 아래에서 해방된 노예들이 만나곤 했습니다. 그래서 이 나무는 자유의 상징이 되었습니다. 요즘엔 사람들이 이 나무 아래 와서 기도나 시위를 하기도 합니다.

라이베리아는 '자유의 땅'이라는 뜻입니다. 미국에서 노예였다가 자유의 몸이 되어 아프리카로 돌아온 사람들이 정착한 곳이라서 그런 이름이 붙었답니다.

코트디부아르는 세계에서 코코아를 가장 많이 생산합니다. 여러분이 가장 좋아하는 초콜릿 과자도 아쩌면 코트디부아르산 코코아로 만들었을지 모릅니다.

가나에 사는 아칸인, 가인, 에웨인, 은제미인 등은 아이의 이름을 태어난 요일에 맞춰 붙입니다. 예를 들어 일요일에 태어난 남자아이에게는 '아퀘시', 여자아이에게는 '아코수아'라는 이름을 붙여 주는 것이죠. 그런 다음 이 요일 이름 뒤에 아프리카식 또는 서양식 이름을 하나 더 붙입니다. 그래서 아이들은 보통 두 개의 이름을 가집니다.

서아프리카의 왕국들

서아프리카의 역사는 위대한 제국과 흥미로운 왕국의 번영과 몰락 이야기로 가득차 있습니다. 철기 시대의 녹 문화에서 이야기가 과거 얼마나 풍요로웠는지 알 수 있습니다. 이 왕국들의 유산은 오늘날의 미술, 음악, 건축 등에 남아 있습니다.

기원전 500년~기원후 200년 즈음
녹 문화

서아프리카에서 발견된 가장 이른 사회는 녹 문화권입니다.

주로 농사를 짓고 금속을 제련하던 녹 문화인은 오늘날의 나이지리아인 나제르강 유역에서 살았습니다. 이들이 남긴 독특한 테라코타 조각상은 아프리카 전체로 보아 가장 초기의 조각에 듭니다. 녹 문화의 제련 기술은 대단히 수준 높았습니다. 역사학자들은 제작 시기가 기원전 4세기경까지 거슬러 올라가는 철제 도구와 무기를 발견했습니다.

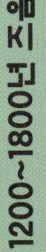

1200~1800년 즈음
베냉 왕국

베냉 왕국은 나이지리아 남부의 에도인이 세운 나라입니다. '에우아레 대제'라고 불리는 오바 에우아레왕의 통치 기간인 1440년에서 1473년 사이, 베냉 왕국은 서아프리카에서 가장 크고 이름난 나라 중 하나가 되었습니다. 그는 미래를 내다보는 지도력을 발휘하여 왕국의 수도를 크고 잘 갖추어진 번영하는 도시로 만들었습니다. 에우아레왕은 긴 내내 훌륭한 예술 작품을 만들도록 장인들을 격려하여 예술 부야의 유산도 많이 남겼습니다. 1800년대에 들어 왕족들의 권력 다툼으로 베냉 왕국은 서서히 힘을 잃었습니다. 1897년 영국은 베냉 왕국을 점령하려 쳐들어갔고 베냉의 청동 다수를 약탈하고 도시를 불태웠습니다. 이 보물들은 지금도 변환되지 않고 대영박물관에 소장되어 있습니다. 영국은 1960년 나이지리아가 독립할 때까지 베냉 왕국을 영국령 나이지리아의 일부로 두었습니다.

17세기~20세기
다호메이 왕국

베냉에는 다호메이 왕국이 여성으로만 조직된 군대가 있었습니다. 이들은 다호메이 왕국의 엘리트 부대로서 군대에서 중요한 역할을 했습니다. 소총수, 궁수, 사수 등 여러 연대로 구성되었으며 인원이 수천 명이나 되던 이 부대는 '우리의 어머니'라는 뜻의 '은토메토'라고 불렸습니다. 안타깝게도 이 멋진 군대도 프랑스의 식민 지배에 해체되고 말았습니다.

1957년 3월 6일
가나의 새 역사

1957년 3월 6일은 가나의 역사에서 큰 날입니다. 사하라 이남 국가들 중 처음으로 독립을 이룬 날이기 때문입니다.

독립한 가나의 첫 대통령인 콰메 은크루마는 자유를 상징하는 인물로 전 세계에 알려졌습니다. 다른 나라들도 가나의 뒤를 이어 독립 투쟁을 이어 갔습니다.

비아프라 전쟁

1967년에서 1970년 사이, 나이지리아에서는 치열한 내전이 있었습니다. 나이지리아 정부와 나이지리아 동남부에 사는 이그보 사람들이 싸움이었습니다. 이그보인 정부가 갈수록 자신들을 소외시킨다고 느꼈고, 결국 '비아프라'라는 독립 국가를 세우려고 내전이 일어나기 전까지 5만 명이나 되는 이그보인이 살해당했습니다. 전쟁 시기에는 100만~300만 명이나 되는 사람들이 죽음에 이르렀습니다. 심지어 하루 만에 1만 2000명이나 굶어 죽은 일도 있었습니다.

500~1500년
이페 왕국

요루바인은 나이지리아, 베냉, 토고 등에 사는 서아프리카의 민족입니다. 요루바인의 신화에 따르면 최고신 올로두마레가 이들 가운데 첫 번째 왕이 되라고 했습니다. 오두두와는 땅을 만들고 이페 왕국의 창조주라고 합니다. 이페 왕국 장인들의 놀라운 활동, 구리, 청동, 상아, 도자기, 나무 등으로 만든 화려한 유물에서 새겨져 있습니다.

1235~1600년 즈음
말리 제국

1235년, '사자왕' 군주 순디아타 케이타가 말리 제국을 세웠습니다. 순디아타는 말리 남부에 주로 사는 말링케 사람입니다. 당시 말링케인의 나라는 강가의 작은 말리 제국의 일부였습니다. 순디아타는 니제르인 수단 그루프와 서쪽 볼타강 지역의 주요 영토를 정복해서 말리 제국을 넓혔습니다. 이 거대한 영토는 가장 큰 연방 중 하나로, '쿠룬 푸가'입니다. 이 헌장은 인권과 평화, 행동해야 하는 지혜에 대한 수단으로, 인간 존엄, 교육, 노예제 폐지 등에 대해 말하고 있습니다. 말힌 헌장은 금을 적히지 않았습니다. 언어에서 입으로 말을 통해서 다음 세대로 전해졌습니다.

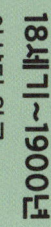

18세기~1900년
아산티 왕국

17세기에 지금의 가나 지역에는 아칸인이 여러 작은 집단으로 흩어져 살았습니다. 이 집단은 나뉘어 살던 이들을 통합하여 아산티 왕국을 세우고 오세이 투투였는데, 투투왕은 같은 민족임을 강조하더라 각 집단의 전통을 존중하고 받아들임으로써 부유하고 거대한 아칸인 왕국을 건설했습니다. 이 왕국은 금과 옷과 노예 등을 거래했으며, 유럽에서 무기를 사들였다가 부유했습니다. 19세기에 아산티 왕국은 영국과 여러 차례 전쟁을 벌였다가 패하면서 결국 쇠퇴했습니다. 오늘날에도 아산테헤네가 부르는 왕이 이곳에 배하면서 주로 아산티 왕국의 복식하는 역할을 해야 여전히 널리 존경을 받습니다.

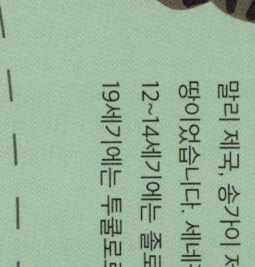

그 밖의 제국들

10~18세기 사이, 오늘날의 나제르는 카넴-보르누 제국, 말리 제국, 송가이 제국을 비롯한 여러 제국의 땅이었습니다. 세네갈은 8세기에는 가나 왕국, 12~14세기에는 졸로프 제국, 19세기에는 투쿨로르 제국의 땅이었습니다.

서아프리카의 사람과 종교

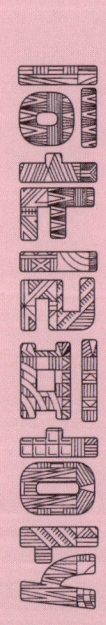

서아프리카의 문화, 언어, 민족은 놀랍도록 다양합니다. 언어만 하더라도 이 지역에서 사용되는 토착어가 500개가 넘는다 하니, 언어의 다양성과 밀도가 믿을 수 없을 만큼 높다 할 수 있습니다. 겉보기에는 각 나라 사람들이 옷차림과 음식, 생활 방식이 비슷할지라도, 실제로는 지역마다 고유한 전통과 역사, 특징이 있답니다.

하우사인과 풀라니인

하우사인은 나이지리아, 차드, 가나, 코트디부아르에 살고 있습니다. 인구가 8300만 명쯤 되어 아프리카에서 가장 인구가 많은 민족입니다. 나이지리아에서는 하우사인은 주로 북부에 살고 있는데, 오랜 세월 동안 또 하나의 커다란 민족인 풀라니인과 계속 섞이면서 두 민족이 하나의 민족이나 다름없게 되었습니다. 두 민족을 하나로 묶어 주는 역할은 이슬람교가 맡고 있습니다. 1960년에 나이지리아가 영국에서 독립한 이래, 하우사인과 풀라니인은 줄곧 나이지리아 정치를 이끌어 왔습니다.

도곤인

도곤인의 수는 60만 명쯤으로, 아프리카 민족 가운데 인구가 매우 작은 편입니다. 말리의 반디아가라 니제르강 서쪽 기슭에 있는 가파른 언덕에서 살고 있으며, 10~13세기경 니제르강 서쪽 기슭에서 처음 살았다고 짐작됩니다. 1490년 즈음, 이들은 이슬람의 공격을 피해 고향을 버리고 팀북투에서 가까운 언덕 지대로 피신했습니다. 그 뒤 프랑스인이 침략했을 때도 같은 곳으로 옮겨 왔지요. 도곤인은 뛰어난 전통 지식을 갖추고 있습니다. 그리고 갈등을 공개 토론장에서 해결하고, 조화롭게 사는 것을 매우 중요하게 생각합니다.

종교

이슬람교와 기독교는 서아프리카의 중심 종교입니다. 그렇지만 많은 공동체에서 기독교나 이슬람교 신앙을 실천하는 동시에 토속 신앙과 전통 의례도 지킵니다. 예를 들어 비를 내려 달라고 모스크에서 기도하면서, 한편으로는 기우제 춤을 추기도 합니다.

졸로프 라이스

졸로프 라이스는 토마토와 양파, 향신료를 넣어 만든 쌀 요리입니다. 서아프리카에서 어느 나라의 졸로프 라이스가 가장 맛있느냐는 소스에 쌀을 넣고 조려서 만듭니다. 간에, 시에라리온, 나이지리아, 가나, 세네갈 등 모두 자기 나라의 것이 최고라고 주장할 정도입니다. 이 요리는 1300년대에 월로프 제국이라는 곳에서 태어났습니다. 오늘날의 감비아, 모리타니아, 말리의 다스린 제국이지요. 이 제국이 커지면서 세네갈 지역을 고루가 휩쓸렸는지 졸로프 제국에서 시작한 지역마다 독특한 개성이 더해졌습니다.

야자술

서아프리카에서는 결혼식이나 장례식은 물론 평소 가족 모임에서도 야자술을 마십니다. 수액을 채취하기 위해서는 키가 150미터까지 자라는 야자나무 꼭대기까지 하루에 몇 번을 걸어 올라가야 합니다. 꼭대기에 오르면 야자나무에 관을 꽂습니다. 자기가서 잘러 흘러나와 밖으로 만든 통에 관을 모읍니다. 이렇게 모인 수액이 천천히 발효되기 시작해서 술이 됩니다.

섬유는 서아프리카로부터

서아프리카는 아프리카에서 섬유 생산 중심지입니다. 가나의 켄테 천, 말리의 보골란피니, 중우부가 있는 모두 이 풍라나의 아디레 천, 나이지리아 남서부의 이동부의 아크레 천, 다양한 색상과 무늬가 인상적인 기니아 면직물을 비롯해 수많은 직물이 이곳에서 생산됩니다. 이 천으로 만든 옷은 언제 어디서 입든지 다른 무리 다르겠지만, 기울 수준의 눈의 말지 이토록 멋지고 다양한 직물이 탄생할 수 있었던 것은 서아프리카 지역에 해서는 못처럼과 만큼이 불가사의가 잘 줄 흥성했답니다.

보골란피니

먼지 야자들이 진흙탕으로 만들의 진동 직물로 남자가 손으로 실을 자아 함께 맞춥니다. 그 다음에 야자들이 그 실을 자유로이 엮습니다. 마지막으로 남자들이 나뭇잎 즙을 이용해 만들은 천에 새에운 만성합니다. 사용하는 범바라어로 '진흙 찌커러는 '보골란피니'는 말리아에서 처음 해사용하는 범바라어로 '진흙 찌커러는' 뜻입니다.

야생동물 천국

토고의 구불구불한 언덕에서 기니아 세네갈의 풍요로운 강에 이르기까지, 서아프리카 역시 아프리카의 다른 지역들처럼 풍경이 다양합니다. 이 지역의 늪과 사막, 산과 정글, 강과 호수는 모두 수많은 생명이 삽니다.

맹그로브 숲이 빽빽한 서아프리카

세네갈에서 나이지리아에 이르는 서아프리카의 해안에는 맹그로브 숲이 잘 발달해 있습니다. 맹그로브 숲은 해변 또는 하구의 습지에서 자라는 나무 숲이 잘 발달해 있습니다. 맹그로브 숲은 악어, 거북, 원숭이, 해우 등 여러 동물에게 먹이와 쉼터를 제공하고, 수많은 바다 생명체의 집이며, 해안선을 지키고 이산화탄소를 줄여 주는 아주 중요한 곳입니다. 나이지리아와 기니비사우는 세계에서 맹그로브 숲이 가장 발달한 두 나라이며, 서아프리카의 맹그로브 숲은 전 세계 맹그로브 숲의 13퍼센트를 차지합니다.

사하라를 가로지르는 긴 강

나제르강의 길이는 4000킬로미터가 넘습니다. 아프리카에서 나일강과 콩고강에 이어 세 번째로 긴 강입니다. 기니의 고원에서 시작한 이 강은 말리, 니제르, 나이지리아를 거쳐 호르메 1억 이상의 사람들에게 물을 공급합니다.

하마탄이 온다!

11월에서 3월까지, 건조한 모래바람이 사하라 사막에서 기니만까지 서아프리카를 휩씁니다. 이 모래바람을 '하마탄'이라 부릅니다. 하마탄이 몰고 온 먼지구름 때문에 이 기간에는 서아가 수백 미터밖에 되지 않습니다. 이 모래바람은 비행기를 지연시키고 호흡기 질환 환자에게 기침을 일으키는 등 많은 사람을 괴롭힙니다. 이 모래 폭풍은 때로 매섭도록 햇볕을 가로막기도 합니다.

멸종 위기의 나사뿔영양

나체르는 멸종 위기에 있는 나사뿔영양의 모습자리입니다. 지금 야생에 남아 있는 나사뿔영양은 1000마리도 채 안 된다고 합니다. 나사뿔영양은 무척 멋진 동물입니다. 사막 기후에 잘 적응해서 물을 거의 마시지 않고도 살 수 있습니다. 계절에 따라 털 색깔도 바뀝니다. 겨울에 갈색이던 털이 여름에는 거의 하얗게 변하는데, 덕분에 햇볕을 잔뜩 받아 체온이 오르는 걸 막을 수 있지요. 그리고 평평한 발굽 덕분에 사막의 모래에 잘 빠지지 않는답니다.

피그미하마

코트디부아르, 기니, 라이베리아, 시에라리온에서는 운이 좋으면 피그미하마를 볼 수 있습니다. 하마보다 훨씬 몸집이 작아 '아기하마'로도 보일지만, 그래도 몸길이 2미터에 무게가 250킬로그램이나 된답니다. 울창한 숲, 늪과 개울 가장자리에 살며, 낮에는 피부가 마르지 않도록 물 안에 있다가 밤에는 풀과 과일을 먹으러 숲속을 거닌답니다.

밤무늬왕달팽이

가장 큰 육지 달팽이 중 하나인 밤무늬왕달팽이는 가나에서 발견됩니다. 길이가 30센티미터까지 자라는 이 달팽이는 임수림에만 산답니다. 2000개나 알을 낳습니다. 이 달팽이는 아무거나 가리지 않고 먹는 것으로 유명한데, 식물과 썩은 고기는 물론, 죽은 크리스마스까지 먹는다고 합니다. 큰소리에서 껍데기를 만드는 데 쓰는 칼슘을 섭취한다고 해내요.

바다거북의 둥지를 지켜라!

카보베르데에는 붉은바다거북에게 굉장히 중요한 곳입니다. 수많은 마리의 붉은바다거북이 이 섬에서 알을 낳기 때문입니다. 이 거북은 다른 바다거북보다 머리가 더 크고, 턱에 강력한 턱 근육을 사용할 수 있다고 합니다. 슬프게도 이 거북의 둥지를 드는 여러 해변에 관광 시설을 개발되고 있습니다. 싫어라가 사라지면서 붉은바다거북은 멸종 위기를 맞고 있습니다.

배웅을 바꾸는 여성 그리고 서아프리카

아데니케 올라도수 (1994~)

아데니케는 나이지리아의 젊은 기후 운동가로 아프리카인들, 특히 여성들이 아프리카에서 일어나고 있는 기후 위기의 참모습을 알리고 생각을 바꿀 수 있도록 노력하고 있습니다. 이를 위해 2019년에 나이지리아에서 '미래를 위한 금요일' 운동을 시작했습니다.

예넨가 (12세기 중음)

두려움을 모르는 전사 예넨가 공주는 부르키나파소 역사에서 전설적인 인물입니다. 11세기와 15세기 사이의 어느 시기에 살았던 그녀는 왕국을 지키기 위해 적과 맞서 싸웠습니다. 예넨가 공주는 아들의 이름을 종마(씨를 받기 위하여 기르는 말)'라는 뜻의 '우에드라오고'라고 지었습니다. 우에드라오고는 오늘날 부르키나파소 땅에 있던 여러 왕국을 통합해 모시 제국을 세웠습니다. 부르키나파소 곳곳에 예넨가의 동상이 서 있고, 그의 이름을 딴 길도 있습니다.

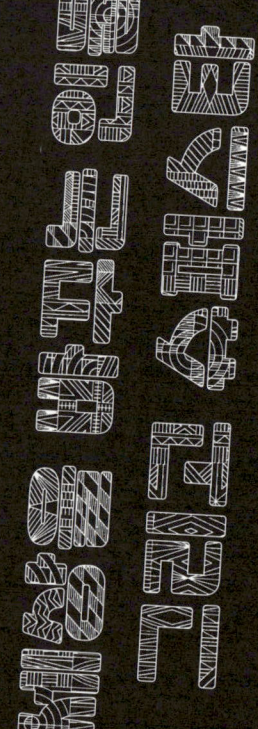

안젤리크 키드조 (1960~)

안젤리크 키드조는 그래미상을 다섯 번이나 수상한 베냉의 스타 음악가입니다. 열세 개가 넘는 앨범을 발표하면서 자신의 음악 세계를 단단히 세웠습니다. 서아프리카 음악과 미국의 알앤비, 재즈, 펑크를 결합한 독특한 음악을 자신의 강한 보컬로 표현해 냅니다.

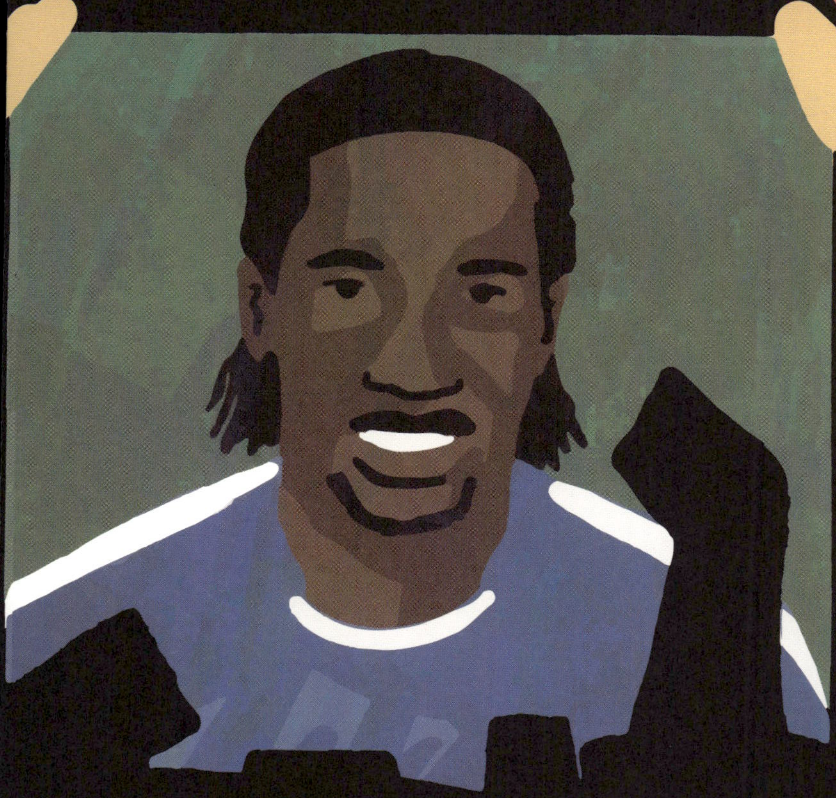

디디에 이브 드로그바 테빌리 (1978~)

드로그바는 '신'이라고 불린 아프리카 축구 선수입니다. 코트디부아르 출신인 그는 국가대표팀 주장이었고, 두 번이나 FIFA 올해의 선수로 뽑혔습니다. 영국 프리미어리그의 첼시 FC에서 활약했으며, 2018년에 은퇴했습니다. 그는 조국의 평화를 위해 전쟁을 멈춰 달라고 말하는 등 축구장 바깥에서도 활발히 활동했습니다.

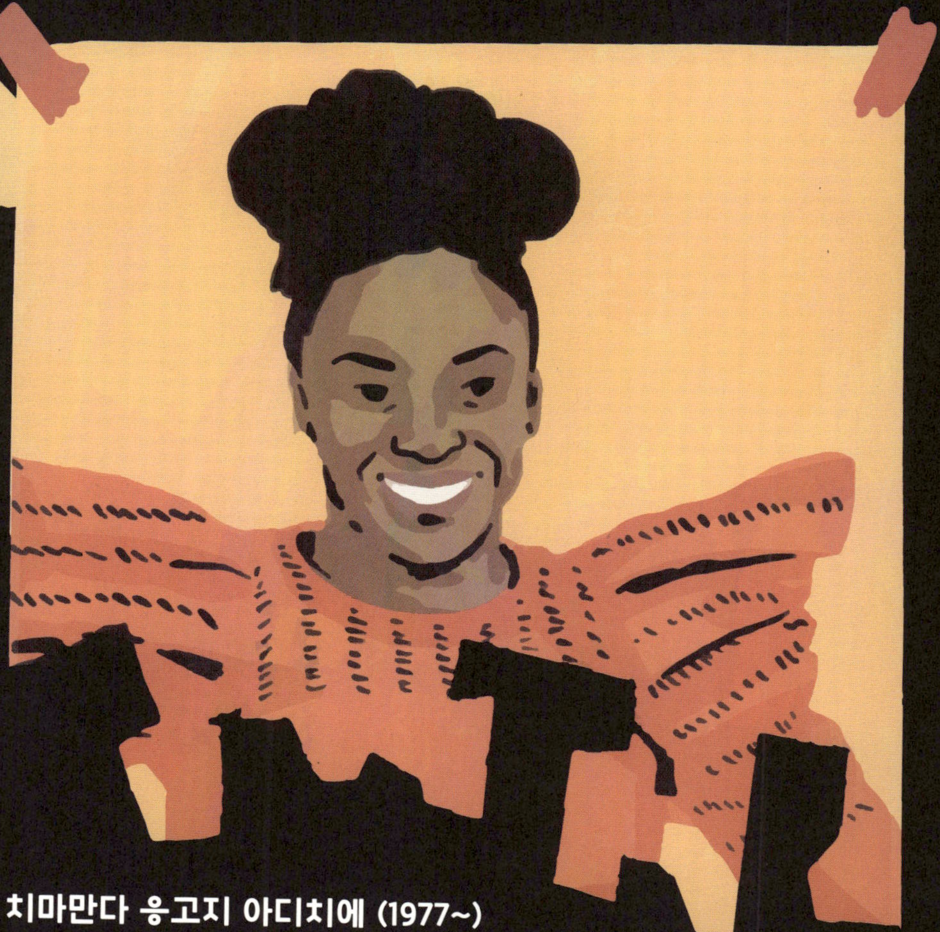

치마만다 응고지 아디치에 (1977~)

치마만다는 나이지리아 출신의 베스트셀러 작가입니다. 그녀의 작품은 30개 이상의 언어로 번역되고 영화로도 제작되었습니다. 오렌지 소설상을 받은 2006년 작품 『태양은 노랗게 타오른다』는 10년 동안의 오렌지 소설상 수상작 가운데 '최고 중의 최고'로 뽑히기도 했습니다. 그 밖에도 치마만다는 2008년에는 일명 '천재들의 상'이라고 불리는 맥아더 펠로십을, 2014년에는 전미 도서 비평가 협회상을 받는 등 수많은 찬사를 받았습니다.

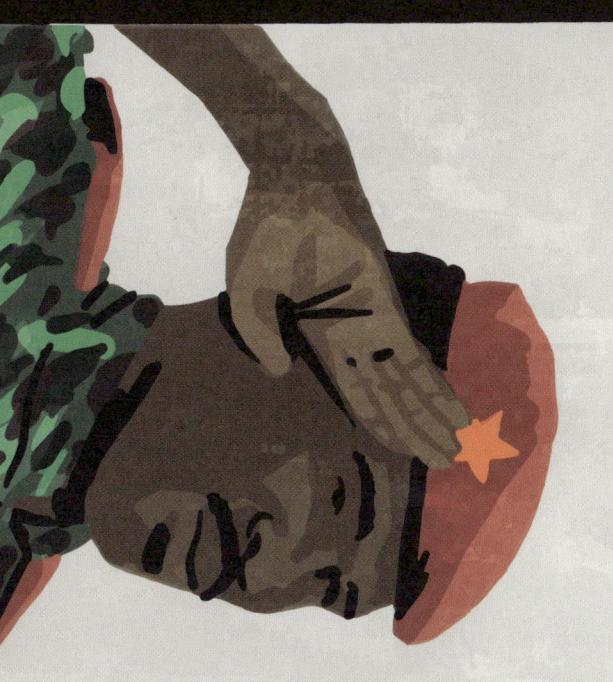

토마 상카라 (1949~1987)

토마 상카라는 아프리카에서 가장 칭송받던 지도자였습니다. 카리스마 넘치는 혁명가인 그는, 1983년에 권력을 잡은 후 나라 이름을 '오트볼타'에서 '부르키나파소'로 바꿨습니다. 토마는 사람들에게 필요한 것을 잘 아는 정치인이었습니다. 교육을 강조했고, 가난한 이에게 땅을 나누어 주었으며, 자신의 월급을 깎고 검소한 생활을 했습니다. 또 정치인들이 나랏돈으로 운전기사를 고용하거나 비행기 일등석을 타지 못하게 하는 등 과소비를 금지했습니다. 아프리카의 수많은 사람이 그를 지도자로 우러러보았습니다. 하지만 안타깝게도 1987년에 군사 쿠데타로 목숨을 잃었습니다.

흥미로운 아프리카

나이지리아의 새로운 이야기

나이지리아는 세계적으로 사람받는 작가들 여럿 배출했습니다. 아프리카 최초의 노벨 문학상 수상자인 월레 소잉카, 현대 아프리카 문학의 아버지로 불리는 치누아 아체베가 모두 나이지리아 출신입니다. 치누아 아체베의 1958년 소설 『모든 것이 산산이 부서지다』는 지금도 널리 읽히고 있습니다. 최근에는 젊은 작가들이 두각을 드러내고 있습니다. 치마만다 응고지 아디치에는 가장 널리 알려진 젊은 세대 작가입니다. 그 외에도 아요바미 아데바요(『머네바요』), 치분두 오누조(『케미웨의 딸』) 헬론 하빌라(『물 위의 기름』), 치분두 오누조 등 놀라운 재능을 가진 작가들이 많습니다.

페스파코, 아프리카에서 가장 유명한 영화제

부르키나파소에서는 아프리카 최대의 문화 행사가 열립니다. 바로 와가두구에서 열리는 페스파코 영화제입니다. 1969년에 시작된 이 영화제는 아프리카에서 가장 규모가 큰 영화제입니다. 영화 팬과 제작자 들은 새로 발표되는 수십 편의 영화를 보기 위해 2년마다 부르키나파소의 수도로 몰려듭니다. 최고의 영화에는 '에탈롱 드 야네가'이 상이 주어집니다. 이 영화제는 최고의 아프리카 영화를 만나는 축제일 뿐 아니라, 아프리카 영화계 사람들이 서로를 알아가는 소중한 기회이기도 합니다.

녹색 장성 사업

녹색 장성이란 아프리카가 대륙을 가로지르는 거대한 숲을 만들자는 야심찬 사업입니다. 길이의 땅에 나무를 심어 숲을 만들자는 아심자는 약 8000킬로미터에 사하라 사막이 넓어지는 것을 막기 위해 조성하는 이 숲은 지역 사람들에게 여러 가지를 지나서 대서양까지 이도양을 이를 수 있는 안정된 나무를과 사람이 만든 것 중에서 가장 큰 예정입니다. 현재 조성이 될 중이지구에서 15퍼센트름 완공했는데, 벌써 황폐한 땅에 생명을 불어넣고 있습니다. 녹색 장성은 기후 변화, 가뭄, 기근 등 해결할 방법으로 여겨지고 있습니다.

메이드 인 아프리카

대륙 곳곳에서 새로운 흐름이 패션 디자이너들이 떠오르고 있습니다. 세네갈에서 패션 디자이너로 아프리카의 다양한 직물을 이용해 디자인하는 이 나이지리아의 듀로 올로우 등에서 자신만의 독특한 디자인을 보이고 있는 디자이너까지, 아프리카의 다양한 직물들은 각지역의 독특한 문양과 직물을 이용해 자신만의 디자인을 만들고 있습니다. 아프리카 디자이너들은 만울 수 있습니다. 아프리카의 디자이너들은 만들어 세계로 기나 우간다, 나이지리아의 신진 디자이너들은 눈여겨봐야 할 디자이너들로 아프리카에서는 눈여겨봐야 할 디자이너들로 배태아 키샤 정소니 디자이너 카사 쿠말라 이등 있습니다.

남아프리카

남아프리카는 콩고민주공화국보다 남쪽에 있는 지역이라고 보면 됩니다. 나미비아, 남아프리카공화국, 레소토, 말라위, 모잠비크, 보츠와나, 앙골라, 에스와티니(예전 국가명은 스와질란드), 잠비아, 짐바브웨 등이 이 지역에 나라입니다.

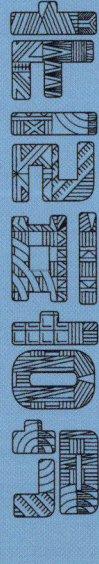

앙골라

평균 나이가 열 여섯 살인 앙골라 사람들은, 나제르와 우간다 사람들에 이어 세상에서 세 번째로 젊습니다.

나미비아

나미비아는 사막코끼리의 보금자리입니다. 이 지역의 가축한 날씨에 작응한 사막코끼리는 다른 크기리보다 어깨높이가 더 높고, 몸집이 날씬합니다. 며칠간 물을 마시지 않아도 건딜 수 있습니다. 나미비아 외에는 말리에서만 일부 서식하고 있습니다. 하지만 밀렵과 심터 감소로 멸종 위기에 있습니다.

남아프리카공화국은 노벨상 수상자 두 명이 서로 이웃이던 유일한 나라이기도 합니다. 노벨 평화상을 받은 데스몬드 투투와 넬슨 만델라가 그 주인공인데, 둘 다 소웨토 지역에 빌라카지 거리에 살았습니다.

보츠와나는 세계에서 손꼽히는 다이아몬드 생산국입니다. 이 나라에는 전 세계 다이아몬드 광산 가운데 생산량 1위인 즈와넹 광산이 있습니다. 이 광산에서만 해마다 1200만 캐럿 (2400킬로그램)의 다이아몬드가 나옵니다!

남아프리카공화국에는 영향 공식 개 언어가 있습니다. 아프리칸스어, 영어, 코사어, 남부 은데벨레어, 줄루어, 초와나어, 소토어, 북부 소토어, 남부 소토어, 벤다어, 총가어입니다. 남아프리카공화국 사람들은 두세 개 정도의 언어를 할 수 있지만, 열한 개를 전부 할 수 있는 사람은 매우 드뭅니다. 공식 언어 중 아홉이 남아프리카공화국 안의 여러 곳에서 따로 살아온 서로 다른 민족들이 쓰던 언어이기 때문입니다.

말라위는 16세기 동아프리카의 마라비 왕국을 이었다고 알려져 있습니다. '마라비'는 '불꽃'이라는 뜻입니다.

모잠비크에서 쓰이는 언어는 포르투갈어, 마쿠와어, 총가어, 롬웨어, 창가나어, 난자어, 은다우어, 세나어, 추와보어, 초와어를 비롯해 40개가 넘습니다.

짐바브웨와 잠비아 사이의 국경에는 세상에서 가장 커다란 폭포 중 하나인 빅토리아 폭포가 있습니다. 빅토리아 폭포는 그곳 말로 '모시오아투냐'라고 불리는데, '천둥소리가 나는 연기'라는 뜻입니다. 폭포에서 떨어지는 물의 양이 1분에 수백만 리터나 되고, 그 소리는 40킬로미터 바깥에서도 들린답니다! 그야말로 천둥소리지요.

에스와티니 왕국의 이름은 한동안 '스와질란드' 였지만, 2018년에 국왕인 음스와티 3세가 에스와티니로 바꾸었습니다. 여러분에게도 낯선 이름일지 몰라도, 이곳 사람들은 이 땅을 오랫동안 에스와티니로 불러 왔다고 합니다.

레소토라는 이름은 '세소토어를 하는 사람의 땅'이라는 뜻입니다. 세소토어는 레소토의 공식 언어 중 하나입니다.

잠비아와 짐바브웨 사이에는 세상에서 가장 큰 인공 호수인 카리바호가 있습니다.

짐바브웨라는 이름은 '돌의 집'을 뜻하는 쇼나어 '드짐바 드자 마브웨'에서 왔습니다.

말라위

모잠비크

하라레

잠비아

짐바브웨

보츠와나

남아프리카 공화국

에스와티니

레소토

마세루

빛나는 남아프리카공화국 역사

전통적인 수렵채집 생활 양식부터 넘아프리카공화국 음악의 발 구르는 소리까지, 남아프리카는 참으로 다채롭고 고유한 문화 전통으로 가득한 지역입니다. 또 양끝러의 오범부인부터 잠비아의 벰바인까지 수백 개 민족의 보금자리입니다. 이 민족들에 내려오는 독특한 문화유산들을 통해 남아프리카의 풍성하고 다양한 문화를 살펴볼 수 있습니다.

초기, 중기, 후기 석기 시대

260만 년 전 석기 시대 초기부터 인류는 석기를 이용해 가죽을 벗기고 고기를 잘랐습니다. 이때의 도구를 올도완 석기라고 부릅니다. 올도완 석기는 만든 방법에 따라 돌멩이를 서로 부딪혀 떼어 낸 '격지'와, 격지를 떼어 내고 남은 '몸돌'로 크게 나뉩니다. 석기 시대 중기에는 도구가 더욱 발달하여 창을 만들기에 이릅니다. 석기 시대 후기에는 활과 화살 같은 사냥 도구가 발달했습니다.

15~17세기
무타파 제국

소닌카인이 세운 거대한 왕국인 무타파는 '므웨네마타파'라고 부르는 왕들이 다스렸습니다. 이 왕국은 오늘날의 잠바브웨, 남아프리카공화국, 레소토, 에스와티니, 모잠비크, 나미비아, 보츠와나 등 남아프리카 지역의 여러 나라를 흐르는 잠베지강과 림포포강을 따라 넓은 지역에 금 무역으로 부를 쌓았으며, 15세기 중반부터 17세기 중반까지 번성했습니다. 하지만 내전 전쟁으로 약해졌다가 1633년 즈음 포르투갈에 정복되었습니다.

남아프리카에 온 최초의 유럽인은 인도로 가는 항로를 찾던 포르투갈인들이었습니다. 1488년, 포르투갈 탐험가인 바르톨로메우 디아스는 유럽인 중 최초로 아프리카의 최남단 희망봉을 돌아 항해했습니다. 1497년에는 바스쿠 다 가마가 같은 항로로 항해했습니다. 네덜란드와 영국 등 다른 유럽 국가의 사람들도 희망봉으로 몰려왔습니다. 유럽에서 아시아로 가는 길에 잠깐 들러 편히 쉴 수 있는 곳이었기 때문입니다.

1581~1663년
은동고와 마탐바의 왕

은징가 음반데옹은 포르투갈의 침략을 물리치고 오늘날의 앙골라 지역인 은동고 왕국과 마탐바 왕국을 30년 넘게 지켜 냈습니다. 전투에서는 뛰어나고 용맹한 지휘자였고, 외교에서는 지혜로운 협상가였습니다. 가톨릭으로 개종하겠다는 등, 포르투갈 총독의 이익을 행했습니다. 은징가는 없는 조건을 내걸어 왕국의 이익을 챙겼습니다. 은징가는 지금까지도 영웅으로 기억되고 있습니다.

1950년대~1990년대
독립 투쟁

1950년대부터 남아프리카 국가들은 유럽의 식민 지배에 맞서 싸웠습니다. 독립을 위한 이 길고 혹독한 투쟁에서 많은 남아프리카인이 희생했습니다. 하지만 시간이 흐를수록 상황은 조금씩 변하여, 1960년대에서 1990년대 사이에 몇몇 나라가 독립을 이루었습니다.

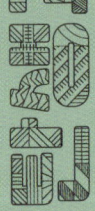
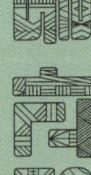

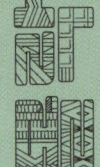

3000년 전 조음
반투인의 대이동

약 3000년 전 시기에 2000년 기간에, 지금의 나이지리아와 이남에 이르는 반투어의 대이동은 근거리 학자들은 언어에서 찾고 있습니다. 사하라 이남 사람들이 쓰는 사람들은 남은 지역에 관련 연장자가 됩니다. 언어학, 고고학, 유전적 연구를 통해 이런 반투어에서 나왔으며, 반투어의 대규모 이동을 학자들은 이 언어를 쓰는 사람의 뒷받침하는 증거가 발견하고 있습니다.

1100~1450년
그레이트 짐바브웨

그레이트 짐바브웨는 짐바브웨 중부에 있는 거대한 무역 제국의 중심 도시였습니다. 1100년 즈음부터 15세기까지 남아 있던 남아프리카 사람들이 이재도 석조 유적으로만 남아 있지만 당시의 정교한 기술과 창의성을 보여 주고 있습니다. 사람들이 이곳을 떠난 정확한 이유는 밝혀지지 않았으나, 학자들은 지역의 부족과 인구 증가가 때문일 것이라고 추측하고 있습니다.

900~1300년 조음
마풍구브웨 왕국

마풍구브웨 왕국은 남아프리카 최초의 토착 왕국으로, 보츠와나, 남아프리카공화국, 짐바브웨 사이의 흐르는 림포포강 유역에 자리잡고 있었습니다. 농업과 금, 상아 무역으로 성장했고, 짐바브웨와 가장 큰 왕국이었습니다. 마풍구브웨 왕국이 망해 무너지기 전까지 일대의 왕국으로 무너진 건 가뭄이 북쪽으로 이동해 그레이트 짐바브웨를 세웠기 때문이라는 주장도 있습니다.

반투인은 철로 된 농기구를 만드는 금속을 제련하는 신기술을 개발했습니다.

1684~1850년
로즈비 제국

짐바브웨 북부에 지역을 다스렸습니다. 1695년 창가미레는 제국을 침공하여 금광을 빼앗으며라이 포르투갈을 물리치고 짐바브웨 지역에서 완전히 몰아냈습니다. 창가미레 통부가 세운 로즈비 제국은 오늘날의

1860~1960년
식민지화

유럽에서 온 이주민들은 남아프리카의 중앙 지역으로 점차 옮겨 가거나 1860년대에 다이아몬드 광산, 1880년대에는 금광을 발견했습니다. 지역을 노린 유럽인들은 중앙부로 남아프리카가 국가들을 식민지로 삼았습니다. 독일은 포르투갈, 1900년대에

1816~1828년
줄루 왕국의 성장

샤카 중루는 1816년 강력한 줄루 왕국을 세운 군사 지도자입니다. 주변 왕국들을 이웃 민족들을 정복했지만, 군사적으로 주민의 다른 공동체들보다 지상적이지만, 정복하여 세력을 넓혔습니다. 하지만 1828년, 왕권을 노린 형제들의 손에 샤카가 암살당하면 혼란에 빠졌습니다.

남아프리카의 생활과 부족

남아프리카에는 수백 년 동안 전통과 관습을 이어 내려오는 여러 민족 공동체가 있습니다. 남아프리카의 문화에서는 전설을 이야기하며 말로 전하는 구술 전통이 중심이었습니다. 다시 말해 이야기가 한 세대에서 다음 세대로 전해지기는 하지만 문자로 기록된 것은 거의 없었다는 뜻입니다. 이 때문에, 경험과 사건들을 글로 남기는 유럽인들이 오기 전에는 정확한 기록으로 남은 아프리카 역사가 매우 적었습니다. 하지만 남아프리카에는 놀랄도록 다양하면서도 뚜렷한 문화 정체성이 있습니다.

나미비아의 힘바인

나미비아의 힘바인은 고대로부터 소와 염소를 기르며 반유목 생활을 해 온 사람들입니다. 힘바 문화에서 소는 부의 상징입니다. 누군가 죽으면, 생전에 가느리던 소의 수만큼 무덤에 뿔이 세워집니다. 힘바 여성들은 독특한 붉은 피부와 머리갈로 유명한데, 우유 기름과 붉은 돌가루를 섞은 '오티제'를 바르기 때문입니다. 오티제를 바르면 태양으로부터 피부를 보호하고 곤충을 쫓을 수 있다고 합니다.

산인

바서로와인으로도 알려진 칼라하리 산인은 처음으로 남아프리카에 정착한 사람들입니다. 여러 인류학자가 최소 2만 년 이상 이곳에서 살아온 산인을 세계에서 가장 오래된 인류 공동체로 보고 있습니다. 현재 남아프리카에는 약 10만 명의 산인이 사는데, 주로 보츠와나, 나미비아, 남아프리카공화국, 잠비아에 있습니다. 현대 문명과 광업이 이들의 터전으로 밀려들고 있지만 산인은 수렵채집 생활 방식을 이어 나가려 애씁니다. 이들은 야생 딸기, 허브 뿌리 등을 모아 식량과 의약품으로 씁니다.

체와인

체와인은 말라위에서 가장 큰 인구 집단으로, 말라위와 잠비아에 약 150만 명이 살고 있습니다. 체와 문화에서는 조상과 영혼들이 이승과 저승을 이어진 채로 지금 사회에도 영향을 주며 중요한 역할을 한다고 믿습니다. 비밀 집단인 '니아우'에 가입한 사람들은 춤을 통해 영적 세계와 접촉하는 의식을 받기도 합니다.

쇼나인

쇼나 문화에서는 모든 사람이 자신의 전통과 혈통, 출신, 정체성을 나타내는 토템(유족표)을 갖고 있습니다. 자기의 토템을 모르는 사람은 '길을 잃은 사람'으로 봅니다. 누구인지를 떠올려도 자신이 어느 집안 출신인지 이야기하며 지낸다고 해주는 이야깃거리이자, 성물 종교처럼 의미지에서 자신으로 부품 동해줄 역할품, 홍보 등이며, 그리고 같은 토템을 가진 사람끼리는 결혼하지 않습니다.

코사 문화에서는 '음촌크로주'라는 베이스페인트의 중요한 역할을 합니다. 여성들은 하얀안색이나 노란색 흙으로 얼굴을 짜서 문양을 그립니다. 어떤 통과 의식이냐에 따라 그에 맞는 문양을 얼굴에 그린다고 합니다.

코사인

코사인은 남아프리카공화국에서 두 번째로 큰 집단입니다. 이들은 코사어를 쓰는데, 혀를 차서 소리를 내는 특징인 언어입니다. 애를 들어 설명하면 '쯧쯧' 하고 혀를 차는 것과 비슷한 방식으로 소리를 내어 말을 한다고 보면 됩니다. 코사인의 전통 의상은 독특한 문양이 면포로 장식품으로 만든 밀집모자와 긴 드레스를 입고, 여성들은 옷감과 목걸이를 걸은 알록달록한 머리 장식을 씁니다. 이머 두세 가지 색은 자신이 어느 지역 사람인지를 나타낸다고 합니다. 장식의 색은 자신이 어느 지역 사람인지를 나타낸다고 합니다.

아프리카를 품은 사막

남아프리카에는 숲과 초원, 해안 지대와 산맥 등이 눈부시게 아름다운 경관을 이루고 있습니다. 이 지역에서는 사바나, 건조 산림, 초원 등을 흔하게 볼 수 있습니다. 또 아프리카를 상징하는 유명한 동물들도 있습니다. 이른바 '빅 파이브 동물'이란 일컬어지는 아프리카코끼리, 사자, 코뿔소, 표범, 아프리카물소를 모두 만날 수 있는 곳이 바로 남아프리카입니다.

조금 다른 사막

남아프리카의 칼라하리 사막은 보츠와나 영토의 70퍼센트를 덮고 있습니다. 하지만 칼라하리 사막은 다른 사막들보다 비가 많이 내리기 때문에, 모래 언덕이 끝없이 펼쳐지는 사막과는 조금 다릅니다. 기온은 여름(우기)이 낮에는 섭씨 40도까지 오르고, 겨울(건기)의 밤에는 영하까지 떨어집니다. 칼라하리 사막의 건조한 사바나에서는 치타, 사자, 특개 같은 짐승과 빼곡상무사 같은 독수리 볼 수 있습니다. 갬스복이라는 커다란 영양도 이곳에 삽니다. 갬스복은 물을 저장하는 식물과 뿌리를 먹으며, 체온을 낮춰 주는 특수한 혈관 조직이 뇌 속에 있습니다. 덕분에 사막 기후에 적응할 수 있었지요.

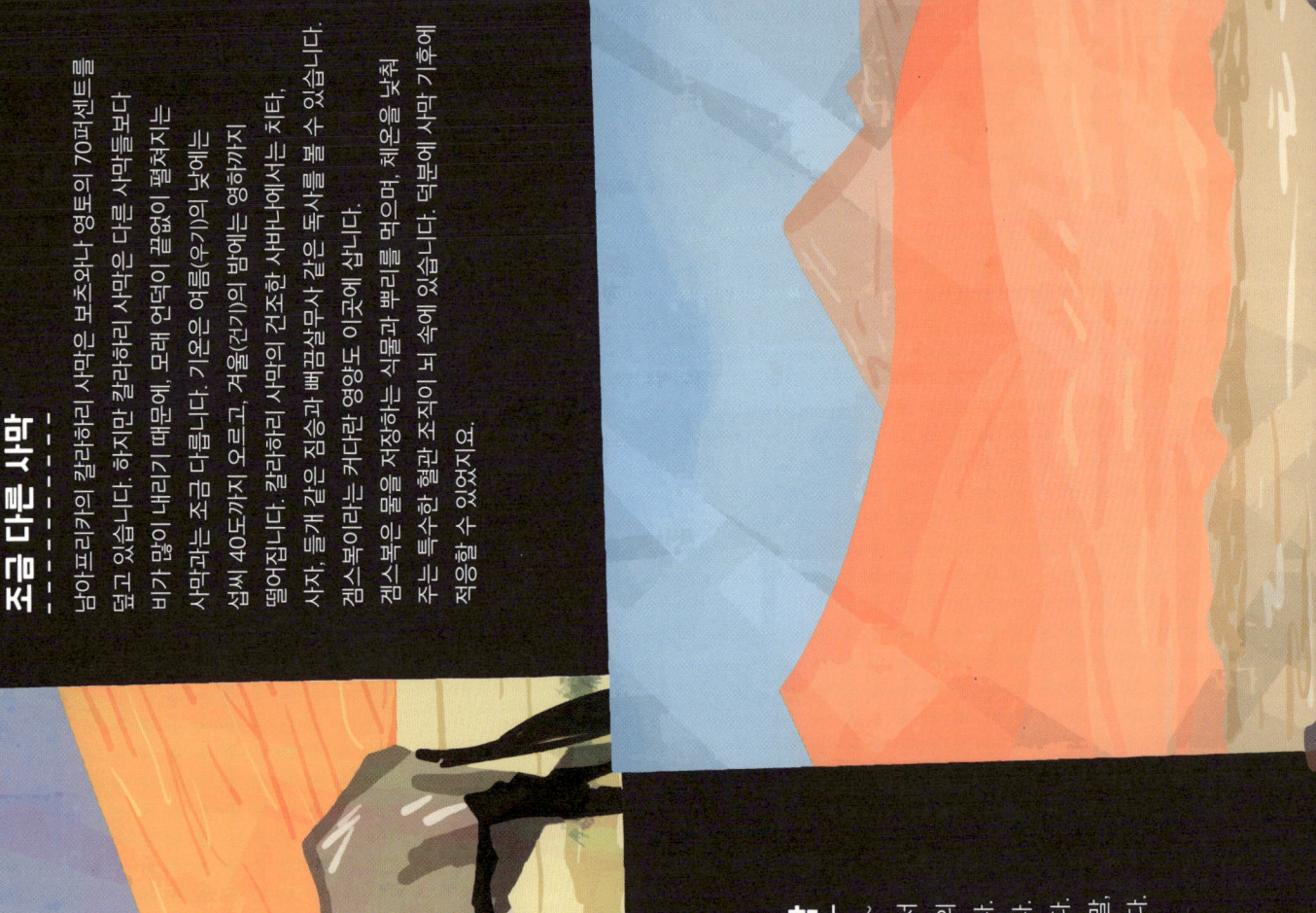

세계에서 가장 오래된 사막

나미브 사막은 세계에서 가장 오래된 사막으로 5500만~8000만 년 전에 생겨났습니다. 나미브 사막은 대서양 해안에서 시작해 내륙으로 펼쳐진 광활한 사막입니다. 나미비아 영토의 대부분을 차지하며, 앙골라와 남아프리카공화국까지 뻗어 이곳에 있습니다. 또한 세상에서 가장 큰 사구(모래 언덕)도 이곳에 있습니다. 소서스블레이에 있는 빅 대디 사구는 높이가 325미터나 됩니다. 무척 건조한 사막이지만 다양한 식물과 산엘록, 카루느시(karoo bustard) 같은 동물이 산답니다.

세계 초대형의 내륙 삼각주

보츠와나에는 오카방고 삼각주라는 늪지대가 있습니다. 이 삼각주는 아프리카의 7대 자연의 신비 중 하나이며, 자연을 좋아한다면 꼭 한번 찾아가 보세요! 자연을 사람들이 끝없이 이어지는 이 놀라운 식물, 숲, 강, 섬, 늪 등이 끝없이 이어지는 이 놀라운 지역은 수많은 포유류, 파충류, 새, 물고기에게 소중한 보금자리랍니다.

식물의 천국

남아프리카의 '케이프 식물구계'는 세계에서 가장 풍성한 식물 종이 서식하는 곳입니다. 아프리카 전체 면적의 0.5퍼센트밖에 안 되지만, 아프리카 전체 식물 종의 20퍼센트가 이곳에서 살고 있습니다. '식물구계'란 이웃에서 살고 특징이 있어에 사는 식물의 모든 지구 곳곳의 특징에 따라 지역으로 종류를 비교하여 나눈 것을 말합니다.

빅 파이브 동물

아프리카 사파리 여행자라면 누구나 한 번쯤 보고 싶어 하는 동물들이 있습니다. 아프리카 하면 가장 먼저 떠오르는 동물이기도 하지요.

사자

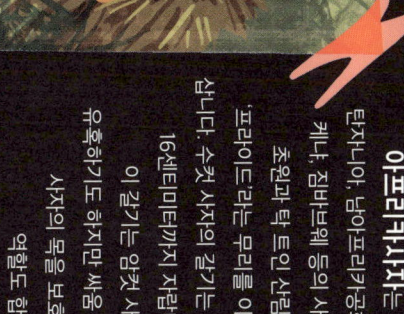

아프리카사자

탄자니아, 남아프리카공화국, 케냐 등 중부와 남부 아프리카에 주로 삽니다. 수컷 사자의 갈기는 길게는 16센티미터까지 자랍니다. 이 갈기 덕분에 들어가 사바나 초원이 탁 트인 산림에서 유독하기도 하지만 악숫자리 도와주는 사자의 몸을 보호하는 역할도 합니다.

표범

표범은 가장 찾기 힘든 동물 중 하나입니다. 자신을 잘 드러내지 않고, 나무 위에서 시간을 보내기 좋아하는 데다가, 표범의 털이 위장색 역할을 해주기 때문에 야생에서 표범을 목격하기란 매우 어려운 일이랍니다.

아프리카코끼리

아프리카코끼리는 이미 태어날 때부터 몸무게가 90킬로그램이나 나가는 가장 큰 육상 포유동물입니다. 몸길이가 7미터에 어깨높이만 해도 4미터에 달합니다.

아프리카물소

남아프리카에는 두 무리의 아프리카물소가 있습니다. 바로 힘찬 아프리카물소와 붉은 수풀물소입니다. 이들은 이동 경로를 다 외워서 우기와 건기에 따라 남아프리카공화국에서 짐바브웨, 케냐, 나미비아, 잠비아 등 사이를 이동합니다.

검은코뿔소

남아프리카공화국에 살지만, 이제 멸종위기에 처해 많이 남아 있습니다.

세상을 바꾼 남프리카공화국 사람들

마리아 무톨라 (1972~)

마리아 무톨라는 빠르고 발 덕분에 '마푸토 특급열차'라고 불린 육상선수로, 아프리트레이트 반대 운동을 펼친 공로를 인정받아 1960년에 수많은 기록을 세우며 많은 메달을 땄습니다. 1999년에 열린 실내 1000미터 경주에서 2분 30.94초로 세계기록을 세웠고, 2000년 시드니 올림픽에서는 800미터 경주에서 모잠비크 최초로 금메달을 땄습니다. 2008년에 아프리카 스포츠명예의 전당에 올랐습니다.

앨버트 루툴리 (1898~1967)

앨버트 루툴리는 남아프리카공화국의 인종 분리 정책인 아파르트헤이트 반대 운동을 펼친 공로를 인정받아 1960년에 아프리카인 중 최초로 노벨 평화상을 받았습니다. 교사이자 노동조합원이던 루툴리는 비폭력 철학으로 남아프리카공화국의 인종 분리 정책에 맞섰습니다.

조이스 반다 (1950~)

조이스 반다는 2012년에서 2014년까지 말라위의 대통령을 지냈습니다. 말라위 최초이자 아프리카에서 두 번째로 여성 대통령이었습니다. 인권 운동가이기도 한 반다는 2013년 《포브스지》에서 선정한 아프리카에서 가장 영향력 있는 여성이었습니다. 재임 기간 동안 논란이 없지는 않았지만, 반다의 대통령 취임은 역사적 사건이었습니다.

미리암 마케바 (1932~2008)

미리암 마케바는 '마마 아프리카'라는 별명으로 알려진 음악가이며, 이프리카 대중음악을 전 세계에 알린 사람으로 인정받습니다. 커튼 사투리 짓는 노래 〈파타 파타〉는 진 세계에서 히트를 쳤습니다. 1966년에 그래미상을 받은 미리암은 자신의 목소리를 이용해 남아이프리카공화국의 아파르트헤이트에 대항하는 운동을 펼쳤고, 그 대가로 30년 동안 망명 생활을 해야 했습니다.

치치 단가렘바 (1959~)

치치 단가렘바는 비평가들에게 호평을 받은 책을 여러 권 쓴 작가로, 짐바브웨 문화계에서 가장 유명한 인물입니다. 소설가, 극작가, 영화 제작가이며 짐바브웨 흑인 가운데 여성 영어로 책을 펴낸 그녀의 첫 소설인 「불안한 상황」은 1989년 영국 영연방 작가상을 받았습니다.

음플레 크왈라고베 (1979~)

1999년, 열아홉 살이던 음플레 크왈라고베는 보츠와나 여성 최초이자 아프리카 여성 최초로 미스 유니버스가 되었습니다. 이듬해 유엔에이즈계획 친선 대사가 되어 에이즈 예방 캠페인을 펼쳐 나갔습니다. 이후에도 성공한 모델이자 사업가, 투자자가 되어 활동하고 있습니다.

나미비아 패션

치마에 담겨 있는 역사

나미비아에서는 발끝까지 선명하고 밝게 내려오는 화려한 빅토리아 시대 스타일 드레스를 입은 여성들을 볼 수 있습니다. 19세기 말 헤레로 왕국은 나미비아 점령한 독일인의 강요로 빅토리아 시대 스타일을 입기 시작했습니다. 그런데 1904~1908년 동안 독일이 전체 헤레로인의 80퍼센트를 학살하는 나미비아 역사상 가장 끔찍한 사태가 벌어집니다. 식민 지배를 둘고 일어난 대학살 처럼이었습니다. 시간이 지나면서 나미비아 여성들은 드레스를 나미비아 스타일로 바꿔서 계속 입었습니다. 자신들의 옷차림을 보고 독일인들이 과거의 잘못을 떠올리라는 저항의 뜻이 담겨 있습니다.

남쪽에서 온 최신 음악

남아프리카공화국은 힙합 마세켈라부터 디제이 블랙커피까지 여러 음악가의 음악을 즐길 수 있는 등 세계로 수출한 거대한 남아프리카공화국의 음악 시장입니다. 생기 넘치는 남아프리카공화국 음악에게는 늘 새로운 향식의 음악이 등장해 클럽에 울려 퍼지거나 전파를 타곤 합니다. 일렉트로닉 댄스 음악의 일종인 품재즈 댄스 음악인 아마피아노 같은 최신 음악 장르가 모두 남아프리카공화국에서 태어났습니다.

세계 곳곳의 아프리카

7세기부터 20세기까지 수많은 아프리카인이 강제로 또는 자발적으로 아프리카를 떠나 세계 곳곳으로 흩어졌습니다. 오늘날 아프리카 바깥에서 지내는 아프리카인의 후손들이 해도 수억 명이나 됩니다. 특히 남아메리카, 북아메리카, 유럽, 서남아시아, 카리브해 지역에 많이 살고 있습니다. 그들은 겉모습과 문화가 다양하며, 자신이 살고 있는 사회를 움직이는 데 중요한 역할을 하고 있습니다.

강제 이주

아프리카인이 아프리카 대륙 바깥으로 옮겨 살게 된 가장 큰 이유는 아랍과 대서양 주변 나라들에서 이루어진 노예 무역입니다. 이랍 노예 무역을 통해 아프리카인은 유럽, 인도, 그리고 아랍 지역 곳곳으로 보내졌습니다. 대서양 노예 무역을 통해서는 중앙아프리카와 서아프리카에서 1200만 명이 넘는 사람들이 노예로 잡혀 아메리카 대륙으로 보내졌다고 합니다.

남아메리카

'아프로라티노'는 중앙아메리카와 남아메리카에 사는 아프리카계 사람과 아프리카계 혼혈인을 가리킵니다. 이웃의 아프리카계 인구 또한 다른 아메리카 지역과 마찬가지로 광산이나 플랜테이션 농장으로 끌려갔던 노예의 후손입니다. 아프리카계 사람이 가장 많이 사는 나라는 브라질로, 인구의 거의 절반이나 됩니다. 줌블이도 브라질과 마찬가지입니다. 브라질 문화 가운데 널리 알려진 카포에이라는 무술과 국악가 결합한 줌입니다. 삼바를 비롯한 브라질의 음악은 브라질 카나발을 만들었습니다. 카나발은 아프로브라질 문화의 상징으로 전 세계 사람들이 모이는 축제입니다.

카리브해 지역

'아프로카리브인'은 대서양 노예 무역을 통해 카리브해 지역으로 끌려간 노예들의 후손입니다. 아이티공화국, 자메이카, 도미니카공화국 등 카리브해 지역 국가에서 아프리카계 사람은 인구의 절반이 넘습니다. 활기차고 독특한 아프로카리브 문화는 전 세계에 영향을 주었습니다. 인기 많은 슬인 럼과 틈바, 트리니다드토바고공화국의 칼립소와 같은 춤도 카리브해 지역의 문화입니다. 매콤하고 향긋한 아프로카리브 음식 또한 세계에서 인기가 높습니다. 지금 치킨, 염소 전골, 플랜틴 튀김 같은 요리가 특히 유명합니다.

북아메리카

미국에 사는 아프리카계 미국인은 4600만 명이 넘습니다. 전체 인구의 13퍼센트쯤 되지요. 아프리카계 미국인에는 대서양 노예 무역을 통해 미국으로 끌려온 사람도 많지만, 더 나은 일자리와 삶을 찾아 20세기와 21세기에 자발적으로 이주한 아프리카인과 아프로카리브인도 있습니다.

수백만 명의 아프리카계 미국인이 1865년 노예제가 폐지되면서 해방되었습니다. 하지만 인종에 따른 차별은 계속되었고, 이에 저항해서 흑인의 권리를 지키려는 운동이 널리 펼쳐졌습니다. 1950~1960년대에 흑인 민권 운동을 비롯해 끊임없는 노력이 이어지고 있으나, 아프리카계 미국인을 향한 편견은 미국에서 여전히 큰 사회 문제입니다. 그러는 동안 프레데릭 더글러스, 로자 파크스, 마틴 루터 킹 주니어와 같이 위대한 아프리카계 정치인과 지도자가 탄생하기도 했습니다. 2009년, 버락 오바마는 미국에서 첫 아프리카계 대통령이 되었습니다.

아프리카계 미국인들은 미국 문화에 많은 영향을 끼쳤습니다. 아프리카계 미국인 공동체는 재즈, 소울, 힙합 등의 음악을 만들어 냈고, 듀크 엘링턴, 아레사 프랭클린, 스티비 원더, 제이 지, 비욘세와 같은 세계적인 음악가들을 낳았습니다. 음악뿐 아니라 문화, 춤 패션 같은 창조적인 분야, 농구, 미식축구, 육상 같은 스포츠에서도 이들의 영향력은 대단합니다. 아프리카계 미국인들은 미국의 대중문화에서 창조성과 혁신의 끝없는 원천입니다.

유럽

8세기에서 15세기에 무어인이라고 알려진 북아프리카인들이 오늘날 스페인과 포르투갈 지역을 점령했습니다. 당시에 어느 기록에서는 무어인을 "그들이 앉고빼는 몰타 같고, 얼굴은 칠흑같이 검고, 눈빛은 불타는 조처럼 빛나며, 그들이 많은 표범처럼 날래고, 기마병들은 밤중에 양의 우리에 들어온 늑대보다도 사납다"라고 묘사했습니다. 무어인이 다스리던 800년 동안 이 지역은 수학과 물리 같은 자연 과학이 발전한 중심지로 변했고, 스페인은 한때 유럽에서 가장 현대적이고 발전한 나라였습니다. 이 시기에 아프리카인들이 유럽에서 수백 년 동안 살기도 했지만, 유럽에서 아프리카인 공동체가 본격적으로 커진 데는 15세기에서 19세기 사이에 있었던 노예 무역이 큰 영향을 주었습니다. 이와 더불어 20세기에 취업과 교육 기회를 찾아 프랑스, 영국, 벨기에 등 이전 식민 국가로 아프리카인들이 이주한 것도 중요한 이유입니다.

아시아

아랍의 노예 무역을 통해 수많은 아프리카인이 인도양을 건너 아라비아와 페르시아만 지역, 그 밖의 여러 아시아 나라로 팔려 갔습니다. 이들의 후손은 오늘날 여전히 인도, 파키스탄, 스리랑카, 이라크, 이란, 오만, 예멘 같은 나라에 살고 있습니다. 중국 광저우에 가면 '리틀 아프리카'라고 불리는 거리가 있습니다. 광저우에 만 5000명 이상의 아프리카계 주민들이 산다보니 자연스럽게 생겨난 풍경입니다. 아이러니하게도 이곳은 아프리카에서 인터넷에는 사업 기회를 찾아서 이민을 왔거나 무역에 종사하는 사람이 많다고 합니다.

아프리카를 떠나는 사람들의 역사

유전자를 분석해 보면 우리는 모두 아프리카인의 후손입니다. 약 10만 년 전 기후 변화가 찾아왔을 때, 인류는 식량을 찾기 위해 북쪽으로 이주하기 시작했습니다. 이들은 유라시아(유럽과 아시아) 대륙 전체로 퍼졌으며, 그 뒤로 수만 년에 걸쳐 오스트레일리아, 북아메리카, 남아메리카로도 나아갔습니다.

10만 년 전 즈음

현생 인류 집단은 약 10만 년 전에 최초로 아프리카에서 빠져나갔습니다. 이 사건을 '대탈출' 또는 '대이동'이라 부릅니다. 그때는 해수면이 낮아 땅이 연결되어 있었기 때문에 다른 대륙까지 걸어서 이동할 수 있었습니다. 네안데르탈인과 같이 이동한 다른 인류가 이미 아프리카 바깥에 살고 있었지만, 현생 인류인 호모 사피엔스만이 지금까지 살아남았습니다.

기원전 2세기~기원후 8세기

아프리카 사람들의 이동은 로마 시대에도 계속되었습니다. 무역 상인, 군인, 노예 등이 북아프리카에서 유럽과 서아시아로 이동하였으며, 비슷한 아시아인 곳곳으로 퍼져 나갔습니다.

7~20세기

이 기간에 약 1000만 명이나 되는 아프리카인이 아랍 노예 무역을 통해 동아프리카와 아프리카의 뿔 지역에서 아라비아, 페르시아만 지역, 아시아로 팔려갔습니다. 그들의 후손은 오늘날에도 그곳에 계속 살고 있습니다.

15~16세기

15세기와 16세기, 스페인과 포르투갈에는 유럽 국가 중 처음으로 수많은 아프리카인이 노예로 팔려 왔습니다. 그들은 아랍의 노예와 비슷한 다양한 일을 했습니다. 나중에 해방된 노예들은 가장무, 재봉사, 공장 노동자와 같은 역할을 맡았습니다.

1440년 즈음~1866년

대서양 노예 무역을 통해 수백만 명의 아프리카인이 아메리카 대륙으로 물건처럼 옮겨졌습니다. 서아프리카와 중앙아프리카에서 잡혀 유럽, 카리브해 지역, 아메리카 대륙, 노예로 끌려간 아프리카인의 수는 1200만 명이 넘습니다.

2010년대~현재

2010년대에는 유럽과 북아메리카로 향하는 아프리카 난민의 수가 눈에 띄게 늘어났습니다. 전쟁과 폭력, 가뭄과 기아 등에서 벗어나려고 하는 사람들이 대부분이지만, 더 나은 삶을 위해 난민이 되는 사람도 있습니다. 그들 가운데는 보트를 타고 지중해를 건너는 위험한 선택을 하는 사람도 있는데, 항해를 돕는 목숨을 잃는 일이 흔하다고 합니다.

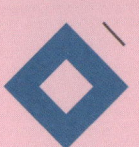
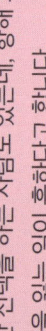

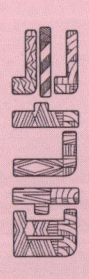

6만~8만 년 전

인류가 북아프리카에서 서남아시아로 대규모 이주하면서 '대탈출'이 시작했습니다. 그렇게 인류는 유라시아 대륙 구석구석까지 퍼져 나갔습니다.

4만 5000~5만 년 전

인류는 카누나 뗏목 같은 작은 배를 타고 계속 이동하여 인도네시아와 파푸아뉴기니와 오스트레일리아까지 나아갔습니다.

3만 년 전

인류는 아시아의 동쪽 끝에 다다랐습니다. 시간이 흐르면서 이들은 빙하기 이전부터 내려진 베링육교의 자리를 차지하기 시작했고, 결국 내년에는 도달한 얼음장이었습니다.

2만 년 전

아메리카 대륙은 인류가 가장 마지막으로 진출한 대륙입니다. 인류는 동북아시아에서 알래스카로 처음 이동했으며, 이후 여러 세기에 걸쳐 점차 남쪽으로 이주해 남아메리카까지 퍼져갔습니다.

1960년대부터

독립의 물결 속에서 여러 나라가 식민 지배에서 벗어난 것을 기뻐했습니다. 하지만 새로 태어난 독립국 가운데 여러 나라가 잔인한 전쟁을 겪었습니다. 그 때문에 많은 사람이 프랑스, 영국, 포르투갈, 네덜란드, 벨기에 프랑스 유럽 국가로도 망명했습니다.

2000년대

아프리카인들은 더 나은 일자리, 교육과 사업 기회를 찾아 빨간에 북아메리카, 아시아를 비롯한 전 세계로 이주하고 있습니다. 유럽은 아프리카가 가장 많은 이민자가 건너갈 곳입니다.

1980년대부터

끅 전쟁 때문이 아니더라도, 많은 아프리카 사람들이 취업과 교육 기회를 찾아 식민지였던 국가인 영국, 프로투갈, 프랑스 같은 나라로 스스로 삶터를 옮겼습니다.

북아프리카인 가운데 아프리카 바깥으로 이주하는 사람이 특히 더 많습니다. 다른 대륙과 지리적으로도 가깝기 가까워 이들을 가고, 이집트와 수단을 비롯한 아프리카 북동부의 사람들은 유럽 국가로 오르는, 사우디아라비아, 아랍에미리트와 같은 아랍 국가로 이주하는 경향이 있습니다.

아프리카에서 시작된 것들

1. 수학

끈, 돌, 대수, 기하는 아프리카에서 발명된 수학입니다. 고대 이집트인 책에서 이런 수학 개념들을 찾아볼 수 있습니다. 수학에 매우 뛰어났던 고대 이집트인들은 특별한 계산식을 이용해서 나일강의 홍수를 예측할 수 있었다고 합니다.

수학과 관련해 세상에서 가장 오래된 유물 중 하나는 콩고민주공화국에서 발견된 이샹고 뼈입니다. 계산판 또는 달력으로 쓰였을 이 도구는 2만 년도 더 된 것이라 합니다.

2. 달력

세계 최초의 태양력은 고대 이집트인들이 발명했습니다. 이들은 지구가 태양 둘레를 도는 방식을 연구해서 일주일, 365일로 이루어진 달력을 만들었습니다.

3. 커피

에티오피아는 커피의 발상지로 알려져 있습니다. 커피는 700년 즈음에 지금의 에티오피아 지역에서 처음 마시기 시작했습니다. '칼디'라는 목동이 자기 염소들이 어떤 나무의 빨간 열매를 먹으면 기운이 난다는 것을 알아채고 커피를 발견했다고 전해집니다. 곧 사람들은 이 열매를 갈아서 끓여 음료로 만들기 시작했습니다. 커피는 15세기에 아라비아반도로 전해졌습니다.

4. 음악

살사, 삼바, 재즈, 블루스, 힙합 등 세계적으로 사람받는 여러 음악 장르가 아프리카에서 뿌리를 두고 있습니다. 브라질 문화에서 중요한 부분인 삼바 음악은 아프리카에서 노예로 끌려온 사람들이 고향의 북 연주 리듬을 바탕으로 만든 것입니다. 20세기 초에 블루스 음악이 인기를 얻게 된 것도 오래전 노예로 끌려온 사람들 덕분입니다. 오늘날에도 나이지리아나 가나 등 서아프리카 국가에서 시작한 아프로비트 같은 음악이 전 세계인의 귀와 마음을 사로잡고 있습니다.

5. 탄소강

100년 조금, 하이얀은 지금의 탄자니아 지역에서 지흙과 유리로 만든 용광로로 철을 제련하여 탄소강을 만들기 시작했습니다. 19세기 유럽에서 현대적인 철강 제련이 시작되기 한참 전입니다. 하이얀은 2000년 가까이 탄소강인 탄소강을 쌓산해 왔습니다. 탄소강이란 강철의 한 종류로 자동차와 수송관을 만드는 재료가 되고, 철교와 다리 등을 짓는 데 쓰입니다.

6. 예방 접종

유럽이 식민 지배를 하기 전부터 아프리카에서는 예방 접종을 해 왔습니다. 유럽 이주민과 함께 아프리카에 들어온 천연두부터 몸을 지키기 위해 자신들을 스스로 감염시킨 것입니다. 천연두에 걸린 사람에게서 고름을 채취해 건강한 사람의 상처에 바르는 방식으로 말이지요. 그러면 건강한 사람은 천연두 증상을 가볍게 앓은 뒤 이 병에 대한 면역을 얻게 됩니다.

7. 진통제

약 3500년 전부터 이집트인은 버드나무 껍질에서 추출한 살리실산을 이용해 상처와 고통을 치료해 왔습니다. 그리스인과 로마인이 이 약을 사용한 것보다 몇 백 년이나 앞선 것입니다. 살리실산은 열을 내리고 통증을 줄이기 위해 요즘 우리가 흔히 먹는 아스피린의 주재료입니다.

8. 컴퓨터 단층 촬영

컴퓨터 단층촬영 기술은 남아프리카공화국 출신 미국인 물리학자 앨런 코맥이 영국의 전기공학자 앨런 하운스필드와 함께 발명했습니다. 1960년대에 앨런 코맥은 엑스레이 촬영의 영역으로 얻은 이미지를 조합해 고화질 이미지로 만드는 수학 공식을 개발했습니다.

9. 춤

아프리카인들은 활기찬 몸짓임과 같은 사로잡는 리듬으로 전 세계적으로 영향을 주었습니다. 파리코트, 자쿠카루, 포르 로 같은 춤은 SNS에서 인기한나와 비욘세는 공연과 뮤직비디오에서 이 춤들을 선보이기도 했습니다.

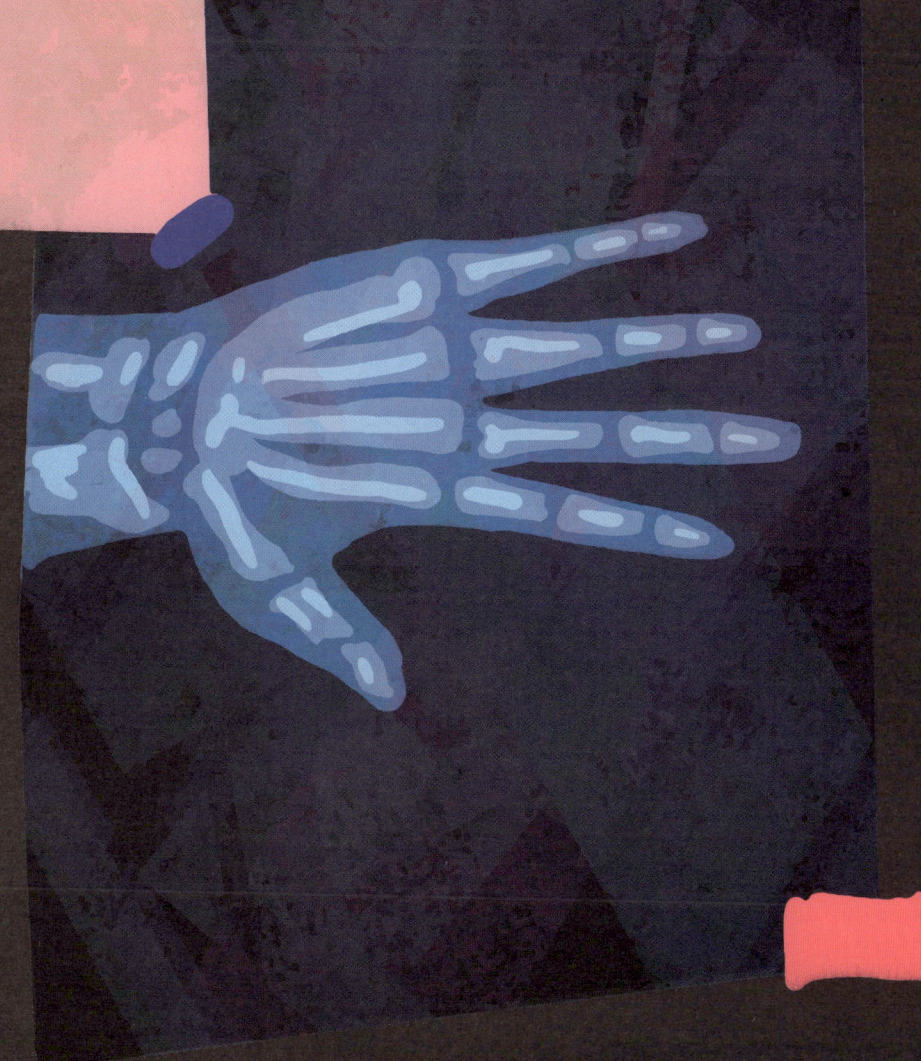

10. 음식

아프리카는 전 세계 음식에 커다란 영향을 끼쳤습니다. 비옥한 여러 이유로 아프리카가 사람들이 세계 곳곳으로 퍼져 나갔기 때문입니다. 아프리카인은 카리브해의 요리에 플랜틴, 카사바, 얌, 오크라 같은 재료를 쓰기 시작했습니다. 또한 스카치보닛고추 같은 향신료를 이용한 요리법도 소개했습니다.

지 메이카인이 유명한 저크 치킨은 서아프리카에서 노예로 쓰이는 플랜트그라인 만든 요리입니다. 미국 남부의 검보드롭트나 오크라 등도 노예로 잡혀온 아프리카인들이 들여온 것이지요.

변화를 만드는 그리고 슈퍼스타

루피타 뇽오 (1983~)

루피타 뇽오는 멕시코에서 태어나 케냐에서 자라고 예일대 연극대학원에 다녔습니다. <노예 12년>으로 처음 영화에 출연한 그녀는 2014년 아카데미 여우조연상을 받으며 세계적으로 주목받았습니다. 그녀의 나이 서른한 살 때의 일입니다. 루피타는 이후에도 여러 역할을 맡으며 다양한 연기 변신을 했습니다. 그리고 『술해』라는 그림책의 글을 쓴 베스트셀러 작가이기도 합니다.

넬슨 만델라 (1918~2013)

넬슨 만델라는 남아프리카공화국 민주주의 아버지로 여겨지곤 합니다. 1994~1999년에 이 나라의 첫 흑인 대통령을 지냈는데, 그 전에는 27년간 감옥살이를 했습니다. 인종 차별 반대 운동을 했기 때문입니다. 마침내 석방된 후, 만델라는 용서와 화해를 이야기했습니다. 그의 위엄과 용기는 많은 사람에게 감명을 주었습니다. 자유와 민주주의에 기여한 공로로 노벨 평화상을 받은 그는 세계인의 영웅으로 기억되고 있습니다.

위즈키드 (1990~)

일명 '위즈키드'로 알려진 아요데지 이브라힘 발로군은 나이지리아 음악가 중 가장 많이 스트리밍된 가수입니다. 서아프리카의 음악에 레게, 하우스, 힙합을 결합한 그만의 독특한 노래들은 서아프리카의 아프로비트 음악을 세계 음악의 중심에 세웠습니다. 위즈키드는 열한 살에 교회에서 친구 내 명과 함께 글로리어스 파이브라는 그룹을 만들어 음악을 시작했습니다. 수많은 상을 탄 그는 비욘세, 드레이크 같은 슈퍼스타들과 함께 꾸준히 음악을 만듭니다.

바네사 나카테 (1996~)

바네사 나카테는 우간다가 급격한 기후 변화를 겪고 있다는 걸 깨닫고서 활동에 나선 기후 활동가입니다. 바네사가 우간다 국회 앞에서 기후 변화에 대한 무관심에 항의하는 1인 시위에 나서자 곧 다른 청소년들이 힘을 모았습니다. 바네사는 이들과 함께 기후 운동 단체인 '아프리카의 미래를 위하는 청년들'을 설립하고 '라이즈업 운동'을 시작했습니다. 바네사는 기후 위기에 맞서 행동에 나선 젊은 아프리카인을 대표하는 목소리입니다.

트레버 노아 (1984~)

트레버 노아는 아프리카공화국에서 가장 성공한 코미디언입니다. 남아프리카공화국에는 아파르트헤이트 시대에 지대나는 그는 아프리카공화국 출신 흑인 어머니와 스위스 출신 백인 아버지 사이에서 태어났습니다. 당시에는 백인과 흑인의 결혼할 수 없었기 때문에 그는 혼혈임을 감추어야 했습니다. 이제 막 태어난 세계에는 그의 코미디언이 정치 풍자의 원천이 되었습니다. 다채롭지만 때로 아플리고 코미디언 인생의 자서전 『태어난 게 범죄』는 트레버 노아의 미국의 인기 코미디언 인생의 책에 자세히 담겨 있습니다. 트레버 노아는 미국의 인기 코미디 프로그램 《데일리 쇼》의 진행을 맡기도 했습니다.

데이비드 아자이 경 (1966~)

우리 시대에 가장 앞서가는 건축가인 데이비드는 혁신적인 디자인과 창의적인 소재 사용으로 유명합니다. 탄자니아에서 태어나 아닌 나라에서 살았는데, 덕분에 다양한 건축물을 경험했다고 합니다. 지금까지 그는 가구 디자인부터 미술관과 박물관, 인상적인 입주를 해 왔습니다. 그의 작품으로는 미국 워싱턴 DC에 있는 국립 아프리카계 미국인 역사문화 박물관, 스코트랜드 모스크바 경영 대학원 건물 등이 있습니다.

아프리카 속담

속담은 충고와 위로, 교훈과 경고를 건네기 위해 한 세대에서 다음 세대로 이어진 말입니다. 오랜 세월의 경험을 통해 얻은 지혜를 담고 있는 속담은, 아프리카 문화에서 중요한 역할을 하며 요즘에도 널리 쓰이고 있습니다. 속담은 민족이나 나라와 같이 문화적으로 비슷한 공동체 안에서 전해 내려오지만, 어떤 공동체의 속담이건 보편적인 진리를 담고 있습니다. 그럼 아프리카의 지혜를 만나 볼까요?

친구에게 염소를 주려거든 고삐를 놓아야 한다. - 잠비아

가느다란 실도 뭉치면 사자를 묶을 수 있다. - 에티오피아

달걀 장수는 시장에서 싸움을 벌이지 않는다. - 나이지리아

많은 수확을 위해 기도하되, 괭이질을 쉬지는 마라. - 탄자니아

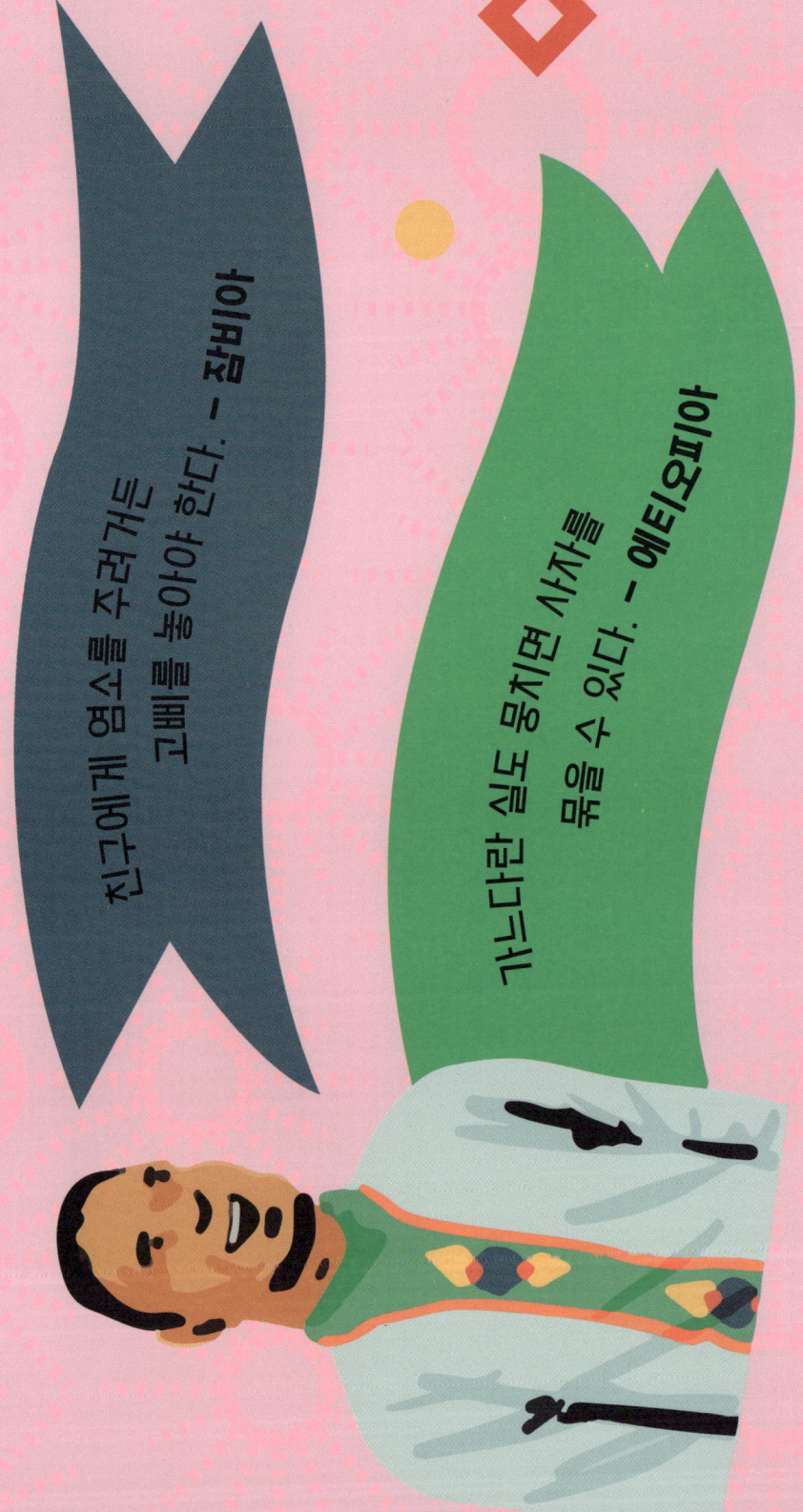

- 현명한 자의 의견이 무지한 자의 확신보다 낫다. — 가나
- 과거를 잊은 사람은 길을 잃는다. — 수단
- 코끼리 싸움에 풀이 고생한다. — 앙골라
- 뼈 두 개를 한입에 씹으려 들면 혀를 씹게 된다. — 토고
- 맨손으로 말하지 마라. 파리를 잡을 수 있으니. — 카메룬

국기 이야기

국기는 한 나라에 대해 많은 것을 말해 줍니다. 국기가 그 나라의 과거와 현재, 미래를 상징하기 때문입니다. 아프리카의 여러 나라에서 비슷한 색과 상징물, 구도를 써서 국기를 만들었습니다. 예를 들어 빨강, 노랑, 녹색을 이용한 국기가 많으며, 국기에 별이 들어가는 나라가 스물다섯 곳이나 됩니다.

리비아

1977년부터 2011년까지 리비아 국기에는 세계에서 유일하게 아무 무늬가 없었습니다. 온통 녹색뿐이던 그 국기는 당시 지도자이던 무아마르 카다피의 정치 철학과 이슬람 신앙을 나타냅니다. 카다피가 쫓겨난 뒤, 그의 통치 이전에 사용되던 국기가 다시 채택되었습니다. 현재의 리비아 국기는 1951~1969년에 사용하던 국기를 다시 채택한 것입니다.

보츠와나

보츠와나 국기의 줄무늬는 보츠와나를 상징하는 동물인 얼룩말의 무늬에서 따왔습니다.

나이지리아

나이지리아 국기는 스물세 살 학생인 마이클 타이와 아킨쿤미가 디자인했습니다. 1959년, 나이지리아가 독립하기 한 해 전의 국기 공모전에 출품된 2870점 가운데 뽑힌 것입니다. 이 국기는 똑같은 세 개의 세로 줄무늬로 되어 있는데, 녹색 줄무늬는 나이지리아의 농업과 식물을, 흰색 줄무늬는 통합과 평화를 바라는 마음을 상징합니다.

남아프리카공화국

남아프리카공화국에서는 사람들이 국기를 존중하도록 몇 가지 규칙을 정해 두었습니다. 예를 들어 국기를 테이블보로 사용하면 안 되고, 국기가 땅에 닿게 하면 안 되는 규칙입니다. 또 다른 나라 국기와 함께 걸 때는 남아프리카공화국 국기를 가장 먼저 걸고 가장 나중에 내려야 합니다.

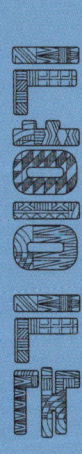

깃발을 연구하는 학문을 기학(vexillology)이라고 합니다. 아프리카에서 가장 유명한 기학자인 프레데릭 브라우넬은 남아프리카공화국과 나미비아의 국기를 디자인했습니다.

알제리 국기에는 이슬람교의 상징이 들어가 있습니다. 초승달은 유럽인, 별은 계율을 뜻합니다. 붉은 색은 자유를 뜻하고, 하얀색은 순결함을, 녹색은 풍요와 생명을 상징합니다.

라이베리아 국가는 미국 국기와 많이 닮았습니다. 둘 다 빨간색과 흰색 가로 줄무늬 바탕에 파란색 사각형이 왼쪽 상단에 있고, 그 안에 힌 별이 들어 있습니다. 미국에서 노예였다가 해방된 사람들이 중심이 되어 라이베리아를 세운 뒤 미국 국기를 본떠 만들었다고 합니다. 훨씬 뒤 라이베리아가 아프리카의 첫 번째 독립국임을 뜻합니다.

루마니아와 차드의 국기는 거의 똑같습니다. 둘 다 파란색, 노란색, 빨간색 세로 줄무늬로 이루어져 있습니다. 하지만 자세히 살펴보면 차드 국기가 루마니아 국기보다 색이 좀 더 어두운 것을 알 수 있습니다.

오랜 전쟁 끝에 독립을 이룬 **모잠비크**는, 국방의 중요성을 강조하기 위해 국기에 AK-47 소총을 그려 넣었습니다. 소총과 함께 겹쳐져 있는 괭이는 농업을, 책은 미래를 위한 교육을 상징합니다. 모잠비크처럼 국가에 무기를 그려 넣은 나라로는 과테말라, 아이티, 볼리비아 등이 있습니다.

용어 해설

가축화: 야생동물을 길들여 인간과 함께 사는 가축으로 만드는 것.

건조 기후: 비가 거의 내리지 않아 푸나무가 자랄 수 없을 정도로 건조하고 척박한 기후.

고향: 대개 인간이 실제 사냥되는 곳 자연 흔적(도구, 토기), 기원 등을 과학적으로 연구하는 학문.

공동체: 생활이나 행동, 관습따위의 바탕을 같이하는 집단.

교우: 서로 다른 지역에게 물건을 사고팔거나 서로 바꾸는 행위.

기압: 새로운 일을 만들어 회사를 일으키는 사람.

기원전: 예수 그리스도가 태어나기 전의 모든 연도.

기원후: 예수 그리스도의 탄생한 이후의 모든 연도.

기후: 갯벌이 역사와 성장을 연구하는 학문.

난민: 전쟁, 박해, 자연재해 등등으로 자기 나라를 떠날 수밖에 없는 사람들.

댄디: 외모에 관심이 많고 늘 멋을 내리는 남성들.

르네상스 운동: 14~17세기 유럽에서 고대 그리스와 로마의 문화, 사상, 예술을 본받아 인간 중심 정신을 일으키려 한 문화 운동.

망명: 정치나 종교 등의 이유로 박해를 받거나 위험한 상황에 놓인 사람이 안전을 위해 다른 나라로 피하는 것.

맹그로브: 열대나 아열대에서 자라는 나무.

면역: 미생물을 죽이거나 그 병에 걸리지 않게 미생물을 스스로 막는다거나, 병을 막는 훈적(도구, 토기), 기원 등을 미생물을 스스로 물리치는 작용.

멸종 위기: 세계에 몇 마리밖에 안 남아서 마지막이 될 것 위기에 놓여 있는 생물.

모스크: 이슬람 예배당.

무슬림: 이슬람교를 믿는 사람. 슬람교도.

문맹: 글을 읽거나 쓰지 못하는 사람. 때 또는 그런 사람.

문화: 어떤 지역에 사람들이 이룩한 사회와 문화, 삶의 양식.

미조라하: 북아프리카 출신이거나 그곳에서 살아온 유대인들 가리키는 말로, 그 뿌리는 이슬람이 전파되기 전까지 거슬러 올라간다.

민주주의: 나라를 다스리는 권력은 국민에게 있으며, 국민의 투표로 뽑은 대표나 국민 스스로 나라를 다스리는 이념이나 정치 체제.

바다지우: 소나 사람들이 만든 조상 대대로 섬기는 남성신.

박해: 유목 생활을 하지만 정착지도 있으며, 정착지에서 농사를 짓는 등 다른 생계를 이어 가는 생활 방식.

반유목: 유목 생활을 하지만 정착지도 있으며, 정착지에서 농사를 짓는 등 다른 생계를 이어 가는 생활 방식.

발굴: 땅을 파서 유물이나 유적을 찾는 행위.

발효: 효모나 세균 같은 미생물이 생명체(또는 생명체가 만든 작용물)를 분해하여 에너지를 얻는 것과 같은 물질로, 그 과정에서 앞으로 유용한 또 다른 물질을 생산한다. 오래전부터 인류는 발효를 이용해 술, 된장, 치즈 같은 음식을 만들어 왔다.

병합: 무력 등으로 사람에 하락 없이 어떤 땅이나 나라를 점령하는 행위.

보호령: 두 나라가 맺은 조약에 따라 다른 강한 나라의 보호를 받지만, 외교권이 전부나 주권의 일부를 나라에 넘겨준 영토.

봉기: 권력을 가진 사람들에게 자기 의사를 표명하는 행위로, 때로 폭력적인 방법도 이용된다.

부두교: 베냉의 공시 종교로, 베냉 사람들의 생활에 길이 뿌리 내려 있다. 마법과 영혼 숭배 같은 특징이 있다.

부패: 개인의 이익이나 권력을 위해 올바르지 않게 사용하는 것.

분지: 해발 고도가 더 높은 지형에 들러싼 산으로 둘러싸인 땅.

불랙 코미디: 권력자, 지식인, 예술가들이 어서나부조리 같은 것을 비꼬아 웃음을 주는 코미디.

박토리아 시대: 영국에서 빅토리아 여왕이 다스린 1837년부터 1901년까지 시기를 일컫는 말. 이 시기에 영국은 전 세계에 식민지를 건설해 해가 지지 않는 나라로 대영 제국을 이루었다.

사바나: 우기와 건기가 뚜렷하게 반복되는 있는 열대 이열대에서 식민지에서 만들어지는 넓은 지역로 나무도 드문드문 나 있다.

산업혁명: 18세기 후반 유럽에서 기술이 발달하면서 제품 생산 방식이 수공업에서 대규모 공장 생산으로 전환되고, 그 영향으로 자본주의 사회가 탄생한, 약 100년 동안에 벌어진 변화.

삼단: 사람이나 동물이 출동으로 사는 어기는 터전.

삼작주: 강과 바다가 만나는 곳이나 강과 강이 만나는 곳에 흙에 실려온 모래와 흙이, 삼각형 같은 모양으로 쌓여 생기는 평평한 지형.

삼림 파괴: 나무를 베어 내어 숲을 많이 뜯어내는 행위.

성동: 사고방식이나 서로 교합할 수 있는 물건.

상형문자: 물건의 모양을 본떠 만든 문자.

생명 다양성: 생물의 종류, 유전자 등이 다양하게 어우러져 있는 상태.

생태계: 어느 환경 안에서 살아가는 동식물을 비롯한 모든 생물이 서로 영향을 주고받으며 이루는 공동체.

생태학자: 생물과 그 주변 환경 사이 관계를 연구하는 사람.

성장등: 모든 사람이 성별에 따른 차별 없이 평등한 대우를 받는 것.

세파르디: 레네상스 시대에 포르투갈 스페인에서 건너온 유대인으로 판단 그 후손.

소외: 어떤 사람이나 집단을 따돌려 그 중요에 않게 취급하는 것.

수렵채집: 수렵은 '열매나 약초, 자연 먹거리'를 '채집'은 모든 것을 잡는 것을 일컫는다.

식량 구호: 지구 곳곳의 식량이 부족하여 특정한 지역에 따라 보내 나누어 주는 것.

식물상: 어느 지역에 사는 식물의 모든 종류.

식민지: 다른 나라에 점령되어 정치와 경제 모두에서 그 나라(식민국가)의 지배를 받는 나라 또는 지역.

식민지화: 식민지를 건설하는 행위.

신석기 시대: 구석기 시대 이후부터 인류가 금속을 사용하기 이전까지의 시대. 이 시대에 인류는 간석기를 사용하고, 정착해서 농사를 짓고 도구를 만들기 시작했다.

아파르트헤이트: 흑인을 격리하고 차별했던 남아프리카공화국만의 인종차별 사회 체제. 넬슨 만델라가 남아프리카공화국 대통령이 되면서 극도로 낮아져 병폐적인 아파르트헤이트에 관련된 법이 1994년에 완전히 폐지되었다.

에이즈(후천성 면역 결핍증): 인간 면역 결핍 바이러스에 의해서 면역 세포가 파괴되어 면역 능력이 극도로 낮아져 병폐적인 어려운 상태에 이르는 병.

열대우림: 열대 지방에 발달하는, 포나무가 무성한 숲.

영장류: 인간, 원숭이, 유인원 등이 포함되는 포유류의 한 분류.

왕조: 같은 가문 출신의 직계로부터 또는 그룹이 다스린 시기.

위도: 한 장소가 지구의 남북으로부터 북쪽 또는 남쪽으로 얼마나 떨어져 있는지를 나타내는 각도.

유목: 동물을 기르며 신선한 풀 지를 찾아 이곳저곳으로 떠돌아다니며 사는 생활 방식으로, 한곳에 정착해서 살지 않는다.

유물: 먼저 살던 사람들이 남기고 간 장식과 도구 같은 물건으로, 과거 사람들이 어떻게 살았는지를 보여 준다.

유인원: 화석 인류와 현생 인류에 발견되는 유인원의 기구.

유엔에이즈조계획: 에이즈 관리와 방 출동을 하는 유엔의 기구.

유적: 옛사람들이 살던 자취나 그 인류가 남긴 건물, 싸움터, 무덤 따위를 일컫는 말.

파라오: 고대 이집트를 다스리던 왕.

인입: 사람들이 다른 나라에서 살아가기 위해 원래 살던 나라를 떠나 이동하는 것.

이방인: 지금 살고 있는 것이 자신이 원래 태어난 곳이 아니라 다른 나라를 기준으로 한 개념. 주로 나라를 기준으로 한 개념이다.

인간 면역 결핍 바이러스(HIV): 사람 몸의 면역 체계를 공격하는 바이러스.

정복: 어떤 나라나 지역 또는 상황을 무력으로 지배하는 행위.

정착: 한곳에 자리를 잡고 사는 것.

종교: 같은 신앙을 가진 사람들의 단체.

종족: 돌로 이상이 녹색의 사람들이 갖추어지고 고유의 문자를 갖고 이룬 미래 세대가 생각이 같은 집단.

조상: 혈연관계에 있는 사람 중에 대대로 먼저 살던 사람, 이전 세대나 앞선 세대.

지속 가능: 미래 세대가 살아가는 데 필요한 것을 부족하지 않게 얻을 수 있도록, 현재를 사는 우리가 지구 환경과 자원을 이용하여 살아가는 것.

쿠데타: 무력을 이용해 정권을 무너뜨리거나 빼앗는 일.

토담: 어느 지역이나 수백 년 동안 전해 내려오는 오랜 시간 동안 이 외에 원래부터 그곳에서 살고 그 여겨지던 성태.

토착: 어느 지방에서 특별한 관계가 있다는 마을 이룬 사람들 또는 자원들로 단단 성장이 되기도 한다.

파괴로스: 고대 이집트에서 옷을 만들기 위해 종이나 돌 등을 쓰는 데 만들 해산물을 모든 그물로 만든 종이.

회생: 어느 나라의 단체에서 하면 백두산이나 한반도에서 생긴 길게 파인 지형. 이루어진 곳이 많다.

학살: 오래된 방법, 생각, 체계 따위를 새롭게 바꾸는 것.

호모 사피엔스: 즐기로운 사람이라는 뜻으로, 현재 우리들처럼 가는 인류(현재 우리)를 일컫는 말.

환경 보전: 자연환경을 보호하는 개인, 집단, 정부 등이 일컫는 인류의 생활환경을 보존하고 북구하는 것을 목표로 한다.

찾아보기

ㄱ

가나 8, 11, 50, 52-57, 61, 79, 85, 87
가나 제국 11, 53
가봉 9, 39-40, 43, 47, 49
가옥 85
건축가 13
건축물 83
케에조 문자 11, 29
고대 이집트 10, 16, 17, 20, 78, 80
골리앗개구리 9
교회력 19
구리 10-11, 40, 53
그나와 24
그레이트 짐바브웨 9-10, 65
금 11, 28-29, 53, 64-65
금메달 46, 70
기니 8, 50, 55-56, 86
기나바사우 8, 50, 56
기독교 11, 13, 19, 29-30, 49, 54
기후 변화/기후 위기 58, 61, 76, 83
기후 운동가 58, 83

나미브 사막 9, 68
나이지리아 9, 12, 62, 64, 66, 68-69, 72
나이뿔영양 20, 57
나일 알 사다카 22
나이지리아 9, 51-52, 54-58, 61,
79, 82, 84, 88
나일강 8, 15, 19-20
나일약어 20
나지브 마흐푸즈 22
남수단 8-9, 27-28, 30
남아메리카 10, 74, 76-77
남아프리카공화국 9, 11-13,
62-67, 69-72, 81-83, 88-89
냅친 28, 52
노벨 만델라 11, 62, 82
노벨 평화상 29, 34, 62, 70, 82
노예 10, 24, 50, 53, 74-76,
79-81, 89
녹문화 52
녹색에너지 25
녹색 경상 61
놀리우드 7, 9, 51

ㄴ

누비아 문명 26
누비아인 28
나제르 8, 51, 53, 56-57
나제르강 52, 54, 56

ㄷ

다르 함불지 26
다마가젤 20
다이아몬드 62, 65
다호메이 왕국 52
달력 8, 19, 26, 78
대통령 11, 40, 52, 70, 75, 82
데이비드 아자예 경 83
도르인 54
독립 11, 28-29, 53, 64-65
독립 11, 16, 27-29, 40, 47, 52, 54,
64, 77, 88
동아프리카 26-37, 76
동아프리카 지구대 28, 31-32
둥근귀코끼리 39, 45
디디에 이브 드로그바 테빌리 59
당가인 30

ㄹ

라 사페 42
라바트 24
라이베리아 9-10, 50, 57, 89
레소토 9, 12, 14, 63-64
로마 16, 19, 76, 80
로보암 48
로지네 제국 41
루바 왕국 33
루시 33
루마타 농오 82
루다 왕국 40
품바 43, 46, 74
르완다 9, 27-28, 30, 32, 36
리베리아 8, 15-16, 18-19, 23, 25, 88
리처드 무조 14

마그레브 15, 19

마다가스카르 9, 27, 85
마리아 무톨라 70
마사이인 31
마우마우 봉기 29
마푸타 15
마혼구베테 실리 하문 47
만델 형장/두브란 투기 53
알리 8, 11, 24, 50-52, 54-56, 62
알리 제국 53
맹그로브 56
모델 35
모리인지 27
모도코 8, 14, 16-19, 21, 24, 77
모라타니아 8, 11, 14, 24, 55
모잠비크 9, 28, 62-64, 70, 89
모하메드 살라 22
무슬림 35
무역 10-11, 17, 20, 26, 28-29,
41, 52-53, 64-65, 74-76, 80
무자파테 연지 33
무타파 제국 64
무하마드 알리 40
문화 10, 12-13, 17-18, 27-28, 30, 42,
48, 53-54, 65-67, 74-75, 79, 84
물소 44, 67-69
미다 10, 17
미리엄 마케바 71

바네사 나카테 83
바닐라 27
바르바리마카크 21
바오바브 나무 21
바움 문자 38
바밀레케인 42
반투인이 대이동 10, 40, 65
밤 51
병무인왕담뱀인 57
베냉 9, 13, 50-52, 58, 61
베네스트 나옵기보 46
베두인인 18
베르베리인 16, 18
베를린 서아프리카 회의 8, 11
보츠와나 9, 62, 64-66,
68-69, 71, 73, 87-88
복싱 40
부간다 왕국 28

부두교 13
부룬디 8-9, 27, 38-40, 46
부룬디아 왕실 북 연주자들 46
부르키나파소 8, 50, 58-60
부아메리카 74-77
북아프리카 12, 14-25, 29, 75-77
분은바디지역 57
바이프라 52
바쿠 언덕 예배당 27
박 마이브 등을 69
박토리아 시대 스타일 드레스 72
박토리아 폭포 9, 63

ㅅ

사바나 19, 21, 39, 44-45, 68-69
사자 27, 31-32, 68-69, 84
사하라 사막 8, 12, 15-16,
19-21, 44, 51, 56, 61
사하라의 눈/아프리카의 눈 14
사헬 19, 43, 61
산안고넬라 7, 32, 44-45
산인 66
서부자지컬라 42, 44
사하라 8, 14
사이프리카 11, 45, 50-61, 79-82
석기 시대 64
세네갈 8, 11, 50, 53, 55-56, 61, 85
세링케티 국립공원 32
세이셸 9, 27
소 39
소일리안 9, 11, 26-27, 30, 35
송가이 제국 11, 52-53
소나여 63
소나이 8, 11, 15, 19, 26, 28, 77, 86
수단 13, 64, 67
수화 75, 78
스쿠스 43, 46
스페인 10-11, 16-17, 19, 75-76
스포츠 22, 30, 35, 40-41,
46-47, 59, 70
시에라리온 9, 50, 55, 57, 87
식민 국가 8, 11, 75, 77
식민 지배 29, 52, 64, 72, 77
식민지용 16, 65
신설기 농업 17
설리콘 사바나 7, 26, 36

아데나 케 올림피오스 58
아들의 봄 25
아라라트 북이프리카 정복 16, 18
아랍인 16, 18, 22-25, 29, 74-78
아시리아 제국 29
아산 53
아쿠아 26
아들의 왕국 42
아이돌 스산액 14, 21
아페트로 헤이트 11, 70-71
아프리카인의 이주 76-77
아코라 크리 7, 13, 69
아흐 왕국 23
악숨 왕국 11, 29
안 조로 아스트리드 58
안데스 카레의 14
안티과 바바둣나몰레교 신도 39
아마지와스 대화기 47
알모라비드 왕조 16
알제리 17
암둘라지 구드나 35
압달 9, 39-41, 62-63, 64-65
21, 24, 25, 77, 89
앙코르 와트 8, 14, 16, 18, 19, 68, 84, 86
앵불 루를리 70
야자수 55
양 43, 81
언어 6, 30, 39, 50, 54, 62-63, 66-67
에르트레알 8, 26, 29, 31, 33
에리트레아인 11, 33
에스와티니 9, 14, 62-64
에티오피아 8, 10-11, 13, 26-29, 31, 33-34, 36-37, 78, 84
에티오피아인 33
에티오피아누스 33
엔화 9, 36, 47, 51, 63, 71, 82
염색 9-14, 43, 49
엡신가 9, 36, 47, 51, 63, 71, 82
예방 정종 80
예술 81
예술가 23
오스만 제국 17
오카방고 심각부 69
오크리 45
올림피오누드 36
음의프리카페트남 41

치드 8, 38, 40, 43-44, 47, 54, 89

타니자 라제크리림 14
NBA 30

옹가리 마데이 29, 34
요른바이 53
요리/음식 14, 43, 55, 81
우리다 8-9, 20, 26-28, 30, 32, 34, 36, 83
우메예인 43
울로프 제국 55
위니 미안니아 34
위츠기드 82
유대인 19
유목 12, 16, 18-19, 31, 43, 66
은도그 52
음악 24, 41, 43, 46, 48-50, 58, 71-73, 79, 82
음플레 크리스마케 71
이름 짓기 50
이만 인톨레키드 35
아살림에트스 배들 관소 49
이탈 8, 15-20, 22, 25, 28-29, 41, 77-78, 80
이페 왕국 11, 53

지그게 왕조 29
작가 22-23, 35, 47, 59-60, 71, 82-83
잠바아 9, 40, 62-64, 67, 84
잠브니 9, 39, 43, 50
잭그인 11, 43, 52
조장 11, 43, 52
조이스 반디 70
조밀 모부트 40
쪽로프 라이오스 55
종루 왕국 65
중국 28-29, 59, 75, 77
중앙아프리카 10, 38-49, 74, 76
중앙아프리카공화국 8, 39-40
지부터 8, 26, 31
지증해 17, 21, 76
직렴 55, 61, 67
진동체 80
집바브웨 9-10, 13, 62-65, 69, 71

카르타고 15-17
카릴 해 10, 74-75, 81
카메른 8-9, 38-40, 42-43, 45, 48, 86
카메로운 45
카보베르데 50, 57
카사바 43, 81
카이로 15, 22, 25
카단리 직상 39
캐이프 시동구제 69
캐나 9, 26-32, 34, 36-37, 69, 82
캐파 26, 37, 78
컴퓨터 단층 촬영 81
클리하러 시안 68
콘탄진인 9, 30
코로 16, 69
코벨스 6, 67
코트디부아르 9, 39, 50, 59
코아인 39, 50
코로인 19
공고강 42, 44
콩고 왕주 39, 41
콩고강 9, 40, 44, 56
콩고민주공화국 12, 39-42
콩고인민공화국 12, 39-41
43, 45, 48-49, 78
쿠바 왕주 41
쿠쉬스 14
쿠시 왕주 28
킬시바 12, 40, 43, 48
김만족자도 27
킬와 기시아니 28

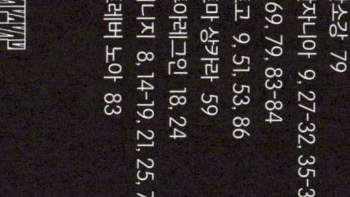

치드홀 38
체오인 67
축제 31, 54, 67, 74-75, 81
츠 24, 43, 46, 51, 60, 74
치리반다 응고지 아디제이 59
차차 단 가냐 71

타키엔트 9, 51
탄소강 79
탄자니아 9, 27-32, 35-37, 69, 79, 83-84
토고 9, 51, 53, 86
토미 상커리 59
토니지 8, 14-19, 21, 25, 77
트레베 노아 83
파디마틴 50
파라오 17
파란 앨범 46
탱인 43
패선 디자이너 61
팬스트링 10-11, 19, 64-65, 75-77
포장 32, 69
플랜테 47, 63
피그 마이아 57
피라미드 8, 10, 17, 26
피엘프 이니즈크 오비에 47
하우만드 56
하미 16, 44
하산 해자드 23
하우사인 54
하이에마 21
하일레 케르소스세이 35
하일렘 발사시에 29, 34
해림 28, 72
해림으로 72
호모 사피엔스원성 인루 28, 40, 76
화석 7, 10, 29, 33
회량을 64
힘입 마타문 23
힘성 12, 66

책을 사랑하는 나의 아버지 맥스웰 무사넨하무 차카네차에게 – 킴 차카네차
나의 작은 조카 엠마누엘라와 베미솔라에게 – 마요와 알라비

자료 찾기를 도와준 펠리시아나 내정구에게 감사를.

B는 모든 것이 고맙습니다.

Africana by Kim Chakanetsa and illustrated by Mayowa Alabi
Africana ⓒ 2022 Quarto Publishing plc.
Text ⓒ 2022 Kim Chakanetsa
Illustrations ⓒ 2022 Mayowa Alabi
First published in 2022 by Wide Eyed Editions, an imprint of The Quarto Group
All rights reserved.

Korean edition ⓒ 2023 Wonderbox
Korean translation rights are arranged with Quarto Publishing plc. through AMO Agency, Korea

이 책의 한국어판 저작권은 AMO에이전시를 통해 저작권자와 독점 계약한 원더박스에 있습니다.
저작권법에 의해 한국 내에서 보호를 받는 저작물이므로 무단 전재와 무단 복제를 금합니다.

세계 시민으로 살아가는 어린이를 위한
아프리카 안내서

2023년 2월 22일 초판 1쇄 발행
2024년 5월 10일 초판 2쇄 발행

글쓴이 킴 차카네차 · **그림** 마요와 알라비
번역 박미준 · **감수** 하성웅
펴낸이 류지호
편집 이기선, 김희중, 곽명진 · **디자인** Firstrow

펴낸 곳 원더박스 (03169) 서울시 종로구 사직로10길 17, 인왕빌딩 301호
전화 02-720-1202 · **팩시밀리** 0303-3448-1202
출판등록 제2022-000212호(2012. 6. 27.)

ISBN 979-11-90136-95-2 73930

· 잘못된 책은 구입하신 서점에서 바꾸어 드립니다.
· 스마트폰으로 QR코드를 스캔하면 도서 목록으로 연결됩니다.
· 독자 여러분의 의견과 참여를 기다립니다.
블로그 blog.naver.com/wonderbox13, 이메일 wonderbox13@naver.com